JN080168

博物館での
展示と学び

Exhibition at a museum and Learning

一瀬和夫著

アム・プロモーション

博物館での展示と学び

目次

プロローグ ● 展示評価と教育活動

18世紀のヨーロッパの現場から

『博物館で学ぶ』の作者ジョージ・E・ハインによれば、博物館で学ぶことは公共博物館で一般人が啓発と娯楽のために資料を展示することからはじまったとする（ジョージ 2010）。

それは18世紀ヨーロッパの啓蒙運動の精神にある。博物館の発展こそが国民国家の出現であり、そのときは立体的な百科事典をめざしていた。博物館での教育はそんなに古くない。19世紀初頭ですら、政府の富と権力を示す、帝国が征服した広大な土地を誇示する場所が博物館であった。フランス、パリのルーブル美術館はナポレオンの戦利品を展示した。ウィーン会議では宝物を元の所有者にもどすように命じた。産業革命によって人々が都市に集住したことで、ようやく19世紀後半になって政府の社会福祉と教育事業が行われるようになった。イギリス、ロンドンにあったヘンリー・コール、当時サウスケンジントン博物館長は、それを公教育における壮大な実験と言った。博物館とは自らの向上をうながし、近代的生活の良好さを理解する場であるとした。しかしながら、19世紀終わりに学校の地位が高まり、博物館の公教育のためにはたす役割がかすみだした。1853年にエドワード・フォーブスは言った。教育実践なく教える術を身につけていないキュレーターは「自からが学ぶことにかけては天才であっても、キュレーターの仕事にはふさわしくないだろう」と。19世紀はまだ、博物館はいろいろな教育目的をもってはいたものの、エリート主義的で、排他的な伝統をもっていた。

1969年、アメリカ合衆国博物館協会（American Association of Museums）のベルモント報告書（The Belmont Report）がある。ジョンソン大統領は、1964年の年頭教書で「偉大な社会」Great Society の建設を提唱した。「貧困との闘い」を中心課題とし、公民権法案の成立による差別の撤廃、貧困層に対する能力開発と教育改革、経済的麾下の実質的平等化、社会保障制度の拡充

など。ハインによれば、博物館もその社会計画に参加し、一般の人々に奉仕するように強く迫ったという。そして３つの質問の返答を要求した。①博物館の現在の状況はどうなっているか？　②アメリカ合衆国の博物館にとって、いまだ満たされていないニーズにはどのようなものがあるか？　③博物館は他の教育機関、文化機関とどのような関係にあるのか？　であった。報告書では、博物館の使命は、１．知識を向上させ、広める。２．学びからもたらされる楽しみや喜びの意識を高めると定義した。そして、博物館の３つの機能を論じる。それは①研究機関、②教育機関、③「スラム街の不利な条件下におかれた子どもたちのための教育」の提供（国家的取り組みに協力）であった。

　博物館が文化を解釈して説明することが重要になってきた。その役割は公共性をもつ。そして、博物館を研究することによって文化への理解が深まる可能性については、第１に、博物館に社会や文化に埋め込まれている理論が実践される場。博物館が語るストーリーとほかの場所でのストーリーとの関係性。第２に、社会・文化研究の枠内で博物館についての理論を構築。そこで、どのようなストーリーを語り、工夫するか。

　ハインは教育理論を展開させるのには、２つの理論（知識と学習）と１つの実践（教え方の理論）の課題に取り組むべきとする。課題の第１は知識に関する理論。知識をどのようなものととらえるか？　どのように獲得されるか？　教育を通しての位置づけ、あつかうものの存在の立場のとり方（都合のよい事例の表し方をしていないか）の課題である。展示は現実そのものを提示しているか？　利用者が独自に解釈することを前提にしているか？　第２は学習理論。人々がどのように学ぶのかを明らかにしているか？　学習者の心に付加するか？　心の構造を変化させているか？　第３は教授法。どのような方法が特定の教育理論にふさわしいか？　展示や事業ではなにが提案できるか？

　実践方法のなかに博物館体験がある。ハインはそれがあたえる変化の力について、第１に挑戦や刺激のない決まり切った経験は教育的なものにならない。経験が教育的なものとなるためには、単にハンズ・オンであるだけでなく、マインズ・オンでもなければならない。第２に経験は単に「生き生きして、鮮明で興味をかきたてる」だけでは十分でなく、経験が教育的なものになるためにはきちんと系統立てられる必要があると。

ハンズ・オンの教育スタイル

　1963年に、アメリカ合衆国ボストンこどもの博物館で「中身はなあに？（What's Inside）」というトースターやテレビのなかを見たり触れ、自由に壊し組み立てたりする展示がはじまった。それは当時のマイケル・スポック館長が自身の体験で導入したハンズ・オンという教育スタイルであった。スポック館長は中国のことわざをもちいて、「What I hear, I forget. What I see, I remember. What I do, I understand.」という標語を使っていたという（染川 1994）。染川香澄さんは「利用者は何を求めているのか、館側の伝えたいことがどうすれば伝わるのかを、運営の課題の中心に・・。今までのオブジェクト・センタード（資料重視型）から、クライアント・センタード（利用者重視型）という考え方に重心が移ってきたということである」とする。こどもの博物館は市民参加型、クライアント・センタードの考え方でつくられるようになった。一方西海岸の、1969年開館のサンフランシスコ・エクスプロラトリアムでも、フランク・オッペンハイマー館長が科学館を五感とアートを通した実験場に展開させた。人が「実験や機械の動作を見て、操る」ことによって科学や技術について学ぶところ。めざすその使命は、地理的な位置、起源、すべての世代の人々をつつみこむ世界について学ぶため、そして自然な好奇心を育て、それを用いて、探求のために革新的な学習環境やプログラム、装置を創りだすことにあった（一瀬 1998）。

　博物館資料はそれを獲得して、保存し、未来へが第一義である。そのため先の教育理論からすれば、その存在の位置づけと、あつかうものの存在価値の受けとり方が基礎になる。それが都合のよい事例に導いていないか点検する。利用者がどのように学ぶのかを明らかにできるか。このように思考するならば、博物館で展示を展開するためには利用者を前提にしなければならないことが導きだされる。それを受けいれるかぎり、その展示は永久に批評的な評価にさらされることになる。展示は完成することはない。古く、「先史考古学の主柱」とよばれる石器時代・青銅器時代・鉄器時代という三時期区分法が考案された。1816年に、クリスチャン・トムセンはコペンハーゲンのデンマーク国立博物館のコレクションの管理運営を引き継ぎ、陳列棚につまれた展示資料を前にして、1836年には『北方古代学入門』というパンフレットを出した。遺跡から

の出土遺物の共伴関係にもとづいた説得力のある配列をくり返し、展示解説をしながらその区分法をより説得力あるものにしていく。

　博物館の展示は利用者とのキャッチボールである。そうした相互評価を得るための具体的な方策には、アンケート調査、個人による専門的・批判的なもの、インタビュー、行動観察、達成度テスト、フォーカスグループ、特別調査などがある。その評価にしたがって、展示を点検、再開発するだけでなく、色々な顔を見せる利用者に対して、展示をコミュニケーション・ツールに変えるために、多種多様な教育的手段をとりこむに越したことはない。

　一方で、ハンズ・オンがある。マイケル・スポック館長が「こどもは体験を通してもっともよく学ぶ」という楽しく能動的な展示やプログラムの開発に影響をあたえたものの1つとする（染川1996）。ボストンこどもの博物館のシャボン玉やレイスウェイというハンズ・オン展示を開発したベルニー・ズブロフスキーさんは、それらを開発するのに利用者とワークショップをくり返した。そして、ワークショップが恒常的、自動的に利用できるように導かれたのがハンズ・オン展示とも言える。ごくふつうの陳列展示もその前で多くの人々に解説をくりかえすことで熟成される。そのうちそこにはインタープリターがつく。ふつうの資料をならべた展示でも陳列棚に常駐しなくとも、8割がたの利用者には展示の意図を、解説板、音声、動画などで、情報を一元的に伝えることができるようになる。

　博物館資料は目的に応じて管理される。保存を目的とするときには、その取り扱いはいたってシンプルでかんたんである。しかし、展示、ましてやハンズ・オンとなると保管環境は悪化する。つまり、傷み、損なう。にもかかわらず、展示を試みる。なぜその資料が展示に必要か、それに値するのかを解いて説明する展示計画がいる。その展示に耐えるように補強や支持具などもいる。

　私のいた大阪府河南町の大阪府立近つ飛鳥博物館は、古墳と近つ飛鳥という時代と地域をテーマにした歴史博物館である。そこで「近つ飛鳥工房—人とかたち過去・未来」というタイトルの特別展示をした（写真1）。展示の中項目は次のようなものであった（近つ飛鳥1998b）。

　1．生み出されるかたちたち（A.かたちに触れる、B.かたちとしての自然、C.かたちのイメージ、D.かたちの今昔、E.かたちとしての住みか）。2．模

倣されるかたちたち ※展示のなかで、模型、複製品、模造品の製作実演（A. かたちの起源、B. かたちの模倣、C. かたちの変化、D. かたちの変遷、E. かたちの工房）。3．残されたかたちたち（A. かたちを伝える、B. かたちを写す、C. かたちを再現する、D. かたちをつくる、E. 癒しと安息のかたち）。これは1種のシノプシスのようでもある。これに展示品など具体的に示して表現方法などを指示すると、展示シナリオになる。具体的な展示空間や品目の絵コンテがあると細かいイメージが伝わる。

　こうした展示ストーリーが利用者にそのまま伝わることはまずない。利用者のニーズや感覚といった反応をとらえて、それに近づこうとする展示評価がある。それにはまず企画段階のものがあるが、次の製作途中評価が効果的である。設置後は批評評価となる。評価はまず関心をもつかどうか。展示の前で立ち止

まるかどうかなどといったことからはじまる。展示に利用者が触れ、気づき、発見、理解までがポイントになる。それらの第三者評価をへて展示の再開発へと持ちこむときもあるが、フロアー・スタッフが利用者の行動を観察、コミュニケーションをかわすことでも重要な評価材料になる。また、展示を解説するエデュケーターも大切なリサーチャーである。先のエクスプロラトリアムも絶えず利用者の反応を見て、展示室内にある工房で改良、試作を繰り返しながらリアルタイムでハンズ・オン展示する。

写真1 近つ飛鳥工房リーフレット

博物館の働きかけからくる教育の形

　展示を生かすのはそうした評価にともなった再開発ばかりではない。同じ利用者であっても、そのときの体調や滞在時間、理解や発達の具合によって反応が違う。さまざまな顔を見せる利用者にいかなる手立てで接していくのか。それには多彩に手をつくさなければならない。

　教育活動の場面においてもそうである。ふつうの一斉教授的な学校教育とは別に、博物館が得意とする教育場面には違いがある。

　「ワークショップは、教育を受ける人が意識的に自分の認識を確認し拡大するための"手伝いをする"仕事だ。これまで学校でして／させられてきた教育のように、あなた（先生／教育指導者）の"知っていることを伝える"のだけが目的ではない。だからこそ美術が大きく関わることができるのだ・・私たちがこれまで受けて／してきた教育は、ほとんどがスクーリング（学校教育／ほぼ強制的に集めた同年齢集団に、一方的に、教える側が使いやすく教えやすい情報を流し、教えた側が評価する教育）ということを自覚しよう。それはある時期／年齢にいる人間には大切で必要な充分な作業ではあるが、エデュケーション／教育という概念のなかでは特殊な一部分に過ぎないといった方がよい。ましてや"教育そのものである"などとは到底いえない。・・私たちが学ぼうとしているワークショップは、スクーリングとは違う方法で教育を組み立てている仕組みだと意識しよう」

　宮城県美術館で長年、普及教育を実践する齋正弘さんは次のような教育の形を示した（齋2011）。

教育の形		実践する人
①ティーチ	←→	ティーチャー
②インストラクション	←→	インストラクター
③インタープリテーション	←→	インタープリター
④ファシリテーション	←→	ファシリテーター

　上記の関係は、①から③に向かって、個人の自立度は高まる。先生から生徒へ伝えるべき事柄は③はややややわらぐが、それでも一方通行で動く。互いに目と目を向ける状態である。④は、「私たちは生まれてこのかた、ずうっと誰でもない自分自身で、物事を考え、決めてよいのだ、できるようになろうと育て

られてきた／くるようになった」関係のもとでの教育の展開である。齋さんは
生まれながらに自立について自覚できる人間の集団のなかで学びが用意される
べきという。したがって、互いどうしは向き合わない。同じ方向を見つめてい
るときが多い。

　この分類を「近つ飛鳥工房」のプログラムにあてはめてみると、①は一方的
に講義する「歴史セミナー」にあてはまる。②は instruction（教示、指示、
命令）であり、これも一方的であるものの相手に動作が加わることで伝達と修
得具合がわかり、それにインストラクターは反応するので一方通行は多少やわ
らぐ。ワークショップと称したカルチャー of アスカディアの内容はお料理番
組のようである。「木簡をつくろう」「土器づくり」「ガラス玉をつくろう」など。
お料理番組より自己の創造性と自由度は高いがワークショップとは言い難かっ
た。展示解説もこれに入るだろうが、互いに質疑はある。内容に気づきを優先
したときは③に含まれよう。

　ところで③の標識となるものは、ボストンこどもの博物館のインタープリ
ターの徹底した研修制度がある。展示フロアーではハンズ・オンの気づきをう
ながし、そこから興味を引き出していき、理解が深められる。interpretation
は本来、解釈、通訳だが、この場合は自己の解釈にもとづく役作りや演出や演
奏を原語とする。ここでは参加者が接した多様な興味に対応したうながしと解
説と言うことになる。その多方面の参加者に備え通訳するフロアー・スタッフ
はハンズ・オン展示では今やかかすことができない（染川 1996）。

　さて④である。展示品の理解やそれに関する宮城県美術館の創作活動に
ともなったワークショップを基礎とする。その展開、形成を支援するのが
facilitator である。活動はファシリテーターと参加者がメンタルな面でシンク
ロし、互いを認めあうところからこの活動がはじまる。互いの活動のプロセス
が重要視される（齋 2011）。

　「近つ飛鳥工房」では、こどもの「かたち」のワークショップと称したジャ
ンボ・シャボン玉をはじめとする多種多様なシャボン玉のふしぎの現象をこど
もたちとともに考える「「かたち」のかがく」がこれにあたるだろう。ベルニー
さんがこどもたちを観察しながらねりあげたものだ。大阪府河南町立大宝小学
校の校庭には葺石と埴輪をもつ前方後円墳があらわれた「古墳をつくろう」の

古墳築造プログラム（一瀬 2000）。これもそれにあてはまろう。これは参加者のもっている各自の古墳情報から築造計画がはじまった。

③と④の教育の形は、古墳資料や古墳・遺跡を目の前にして気づき・発見・観察・理解・考えるときには、もっとも参加者に似つかわしい教育の方法と言える。これがくり返され、やがて恒常的な展示となっていく。

近つ飛鳥博物館ワークショップは、ベルニーさんや彼を招くきっかけになった当時エクスプロラトリアムにいたダニエル・ディピエロさん、そしてブルックリンこどものための博物館のポール・ピアソンさんのワークショップの影響を受けて、ブルックリンこどものための博物館の百周年記念企画展への参加と合わせた「クツがしゃべったなら」からはじまった。つづいて「私の宝物はね」「古墳人になりきってみよう」というアウトリーチ、そしてそこで得た成果の展示という連鎖が起こった。

博物館でのワークショップ

博物館という場で特徴的な学びとしてワークショップがある。降旗千賀子さんは 1987 年に開館した東京都目黒区立美術館で教育活動を行う。美術館での教育部門は日本において同時多発的に起こったと言う。かつての美術館では列品解説、今はギャラリートーク。利用者と同じ目線でインタラクティブな関係を築くワークショップも同時多発なものである。欧米では細分化傾向はあるが、目黒区美術館は展示企画とワークショップの関係について細分化はしていない。美術館やワークショップに関わる人とは来館者、参加者、スタッフ、ボランティア、講師など。ワークショップで体験したことが展示を見る意識にかなりシンクロして影響をあたえるという（降旗 2011）。

降旗さんは「画材と素材の引き出し博物館」を展開した（目黒区 1995）。それは教育活動の 1 つ、展覧会を構成する 1 つである。いろいろな分野を横につなげていく。顔料・原料、地質、土の採取。常識ではなく、深く見ていく。色鉛筆。名画をつなぐ。線の迷宮。鉛筆から絵画の領域へ。この構想の発端は、美術表現とは切り離せない画材や素材、そこには知っているようで知らないことが意外と多く存在した。当初の計画は、素材や画材の研究というよりも美術館の教育活動の視点からオリジナルな教材を制作する主旨ではじめたという。

最初はものをただならべただけの稚拙なものから出発し、それぞれの素材についての展示とワークショップを組立ながら手を加えた。意図は画材や素材の表情や発展を表すことだけでなく、ものをあらためてみつめていく、「見つめぬく楽しみ」、見ることを視ることに深める。この教育活動はものと人々の間にさまざまな視座を提案する。「みることの深化」、これまで人間が創造してきた多様な表現に対し、「みること」の広がりを契機づける具体的な役割をもつ。そして「色の博物誌」展では出品作家に講師を依頼していっしょにプログラムをつくるものに発展した。展示と切りはなし自由にテーマを設定してプログラムを考えるなかの1つには「からだのワークショップ」があった。場とテーマ、時間を共有する。ふだんと違う時間を過ごす。自分のまわりの気配を感じる。年齢層を決めない。からだで作品を見るというものだ。

　目黒区美術館には金属彫刻家の青木野枝さんが出品作品とともに自身が展示品となって加わっていた。その青木さんは図工が好きじゃないこどもたちに3〜5日のワークショップなどで接する。美術やつくることが好きじゃないようにならないでいてもらいたいと願う。世界に自分の居場所をつくる。青森県立むつ養護学校高等部生徒とふだんはなかなか美術館に行けない下北のこどもたちに表現体験を。ドローイング、発泡スチールの模型でイメージ。50cm四方の鉄板に石筆で下絵、溶断、溶接を検討、溶接、完成。

　「彫刻をつくる、ものをつくるということを、みんなはこんなに軽々と楽しくできるのです。心のなかから、すーっと出してくるのです。私はこのことを大切にしていきたいと思います。」「青森県むつ養護学校」ではこどもたちのつくりたいものがよく分かる。紙に描くと図工になる。ひかれる。作品の説明をしてもらう。そこには物語がある。頭の中にいたものが現れる。ニセのメロンパンやヘビ。いろいろなものが生まれてくる（青木2013）。

　齋さんは1981年からの宮城県美術館では美術実技の作業スペースで「個人を対象」とした美術をめぐる「何でも相談」というワークショップをしてきた。ファシリテーターの立ち位置のコツを語る。「深い個人が多々いることを肯定できるようにしておく、方向はあるが目標はない、目標はその人にのみある」作業の終了目標を決めないというものだ。終了のさまざまがそれまでの経過をおろそかにしやすい、活動でもっともたいせつなのは経過だと誰もが知ってい

る、結果でなく過程を楽しんで拡大できる方法が相談できるのがファシリテーターだと。

　こうしたメンバーと博物館の教育に考えてみた。

「博物館教育論」の現場から

　教育という試みは展示の基礎となる活動である。これまでの日本では、博物館が教育のシーンとして、必要不可欠なものとは位置づけられてこなかった長い経過があった。博物館学芸員の資格のカリキュラム改定があり、京都橘大学では 2013 年に「博物館教育論」が加わった。そこで、今あらためて博物館における教育活動の基盤となる理論を探る必要があるように思えた。そのために博物館に関する学校教育現場の受けとめ方、展示・アクティビティーの開発、多様な利用者が接する教育活動での実践的事例の確認から共通認識を高めようとした。

　2013 年、「博物館教育論」の授業がはじまったときに、大学で学生とともにシンポジウムをした。

　講演：齋　正弘「美術館の教育普及活動室での長期実践」宮城県美術館

　講演：村井良子「博物館での学びの評価とこれから」プランニング・ラボ

　進行：染川香澄（ハンズ・オン プランニング）、一瀬和夫

　「テーマ 1、博物館での［教育の自覚］についての語り合い」

　「テーマ 2、博物館教育カリキュラムの方向」

　パネラー：講演者＋コメンター：坂本　昇（伊丹市昆虫館）、向井幸一（大阪府教育センター）

　ここでの内容について、参加学生のレポートを紹介したい。

　　「美術館の教育普及活動室での長期実践」齋 正弘

　「〈一般的に美術館というのは絵を見る施設である。創作室なんてものはない。〉という概念を覆すように、宮城県美術館では創作室をつくった。しかしなにをすればいいのか、美術館でないとやれないものとは何なのか、という模索を幼稚園の先生の言葉をきっかけにはじめられるようになった」という言葉からこの話は始まったが、私はこの後の齋さんの話のほうがとても印象的であった。

　まずEducationとSchoolingの違いについて。最初この単語を聞いたとき、この２つの単語はほぼ同意義ではないのかと思っていたが、まったくちがって驚いた。Schoolingとはその分野を知っている人が知らない人にその情報を流し込むということ。Educationは１人の人間が現代をどう生き抜けるか、次の世代にどう引き継がせるかを教えるということ、だそうである。似たような言葉でもそこに込められている意味がまったくちがうということでとても印象的であった。しかしその後の齋さんの「大学はSchoolingではない」という言葉には素直にうなづけなかった。授業によってはSchoolingを感じるものがある。きっと、そういうことではなくて自分が授業をSchoolingとして受け止めるか、Educationとして学ぶか、という気持ちの問題であるのだと思う。齋さんの言葉を借りるなら、Educationの肯定をする、ということだろう。

　もう１つ、一番印象的であったのはこどもが描く絵の特徴である。教室にいる友達の絵を描く話はとても共感した。「赤ん坊の描く絵は自分の視点からの絵である。鼻はやたら上にあるし、人の絵らしきものは丸ばかりで構成されている。だが小学生くらいの絵は視点がいつの間にか浮いてしまう。なぜか見えもしない真上からの絵を描いたりしている」。これには身に覚えがあって何回もうなづいてしまった。「そしていつのまにか羽根が無くなって、目に見えるものを描く。これが自我の確認である」という言葉には衝撃を受けた。ようするに、これでいつ自分が自我を確認したのか、いつの間に自分は成長していたのか、ということがわかるではないか。まさか自分の目で自分の成長の確認をできるようになるとは思いつきもしなかった。

　「Ｑ．美術とはなにか？Ａ．世界観の拡大です」。口で世界観を確認する赤ん坊や、羽根をいつのまにか収めてしまった子など、美術の先生では到底成績の良悪をつける資格はないだろう。というより、それ以前の問題である。

　こどもが描いたものを勝手に自分の基準で良悪をつけず、ただこどもが描きたいようにさせる、自由に好きなことをさせる。ということが、美術館の創作室でしかできない教育普及のあり方なのだろう。

　「博物館での［教育の自覚］についての語り合い」

　まず「教育の自覚」について問題がある。それは各学芸員や教師たちの、教育に対する考え方の違いによる温度差である。今回の講師の方々は「教育の自

覚」について熱意をもって関わっていたようだが、学芸員の中には博物館へくる利用者が増えようが増えまいが構わないと思う方もいるらしい。それはもちろんあくまで博物館の「研究者」なのであるのだから、おかしくないことだろう。だが、そうすると博物館の研究者たちと学校の教師たちの間に溝ができてしまう。学校の教師というのはいわゆる Schooling で、教えられることが教科書の範囲内だけである。一方、学芸員というのは、その自分の分野を専門としているので、教えられる幅が非常に広い。ゆえに、先生が生徒たちを博物館へ連れてきたとして、先生はなにもせずただ学芸員に預けっぱなしという事案が発生する。こうして「教育の自覚」に対する温度が上がらないままになってしまう。

しかし、その溝を埋めるかのように、今、博物館ではあるプログラムがなされている。それは学校の教師たちに博物館へきてもらい、生徒と同じように体験してもらうというものである。博物館へこないかぎりは教師も生徒同様、教科書の範囲の知識にしばられたままであるからだ。このプログラムがもっと普及されれば教師たちも教科書以上の知識が得られ、授業もはかどり、教育に対しての温度もきっとあがるのではないだろうか。

「別にその分野を専門的に好きになってもらわなくていい。とりあえず博物館へきて、見て、知らなかったことに気づいてもらえたらそれでいい。だがおそらく、学びはじめると自分がのめり込んでいってしまうだろうから、そうなったらぜひ好きになってほしい」と講師の方は語った。

また博物館の教育プログラムでもある「教えない・気づくのを待つ・自発するよう誘う・自由な環境を提供する」。これは学芸員の仕事にも含まれている「教育普及」においての立派な仕事である。学芸員の「教育の自覚」というのは、学芸員が本来の仕事を疎かにしない、忘れないということも含まれているのだと私はそう感じた。

「博物館教育カリキュラムの方向」

教育カリキュラムが変わった。それまでは「学校は博物館と関わるように」とされていたそうだ。だがこれからは「博物館・美術館と協力するように」へと変わったそうだ。しかし、これには「博物館が学校のペースに呑まれてしまうかもしれない」という問題をはらんでいた。いくら学芸員と教師と職が違っ

ても、その得意とする分野は同じである。するとやはり教える内容に被りがでるようになる。すると教師としては、博物館に自分の教えたいネタを取られたくないと思う。そうなると教師は、自分が教えていないことを博物館に求めるようになる。こうして段々と教師たちの思い通りになってしまうということなのである。

　しかし伊丹市昆虫館の坂本昇さん曰く、「学芸員たちがそれぞれ自分のもっている知識は何か、専門的な知識は何かをしっかりわかっていたら、教師たちに求められたとしても自分の教えたいことはしっかり教えられるだろう」と。

　今現在では学校と博物館・美術館は関わろうとしている。だが博物館・美術館に来られないような人たちへの教育普及はなかなか進んでいないそうだ。Education が「引き出す教育」なら、博物館は「つめこむ教育」と言われている。私たちが学芸員という職に就けるころには、一体どれだけの教育カリキュラムが組まれ、つめこまれているのか楽しみである（日本語日本文学科 中川千叶）。

「博物館教育論」のワークショップ（写真２・３）

　学生にワークショップの実感がないそれは他の大学でも同じだった。

　つづく 2014 年の冬に「博物館での学びとして造形ワークショップを体験開発する」と題して、鉄板を溶断して作品をつくることで、博物館での学びとワークショップの間を探ってみた。

　こどもを対象としたワークショップ、ハンズ・オン、そしてそれらを評価して博物館での教育開発を行うために、ワークショップの実践経験が豊かな金属彫刻家の青木野枝さんを招き、京都橘大学生が実体験する。あわせて事前に目黒区美術館の降旗史子さんとともに、「実践的なワークショップのさまざまな例に触れ、それぞれの意義について検証する」というものである。

　ファシリテーター：青木野枝

　開発調査協力者：板津綾二、伊藤一洋、菊川亜騎、宮木亜菜、楠井沙耶

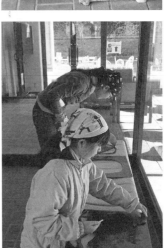

写真2　鉄のワークショップ（1）

見学の学生の感想

　「溶断とか溶接とか直に見るのは初めてだった。今日は見学だったが、実際にやってみたいと思った。体験者の作るデザインがかわいいものやシンプルなデザインなどそれぞれの個性があっておもしろかった。切面がなめらかになっているわけではないので、鉄板断面のギザギザした感じも、作品のアジの1つなんだと思った」。

　「ワークショップは、校内でとてもありがたいと思った。鉄を溶接するところを間近で見るというのは中々ないので、少しでも参加できて良かったと思う。実際に見てみて、あんなに火花がとぶものだと思ってなくて驚いた。スタッフさんはやはり慣れているようで、ふつうに溶接をしていたが、実際に体験をしている学生さんは少しとまどっているようにも見えた。今回は授業の関係で実際にやることはできなかったが、今度はやってみたいと思った」。

　「私はオブザーバーとして参加した。こどもにノーと言わない、安全だということを伝えるということがどういうものか。こどもにノーと言わないということは、可能性をせばめない、想像性をふくらませる、自分の完成イメージに近づけるためにどのような工夫するのか考えるということ。実際に見学してみて、作っている人の楽しさも伝わったし、何より教える側の人がわかりやすい説明をするので、最初はいっしょにバーナーを持ってやっていたが2つ目をくりぬいた時には自らバーナーをもっていて、最初のころよりは断然に上手にできていた。1人1人に声をかけながら、アシスタントの人・青木先生とのサポート、楽しいワークショップの雰囲気作りが、こどもを楽しませる秘訣だと思いました。楽しませながら学ぶことはワークショップで1番たいせつなことだと感じました」。

　「野枝さんの話しを聞いていて、今回のワークショップ以外でもこどもたちの好きなものをつくっていい自由なやり方がよい。溶接にしても溶断にしても、めったにできない貴重な体験なので、自分も機会があれば体験してみたいワークショップだが、こどもたちの火傷の話しを聞いて少し高度なワークショップだとも感じた。そういった危険についても厳重に注意が必要であることが分かったけれど、それに対する不安感というか抵抗感を取り去ることはたいせつなことだと思った」。

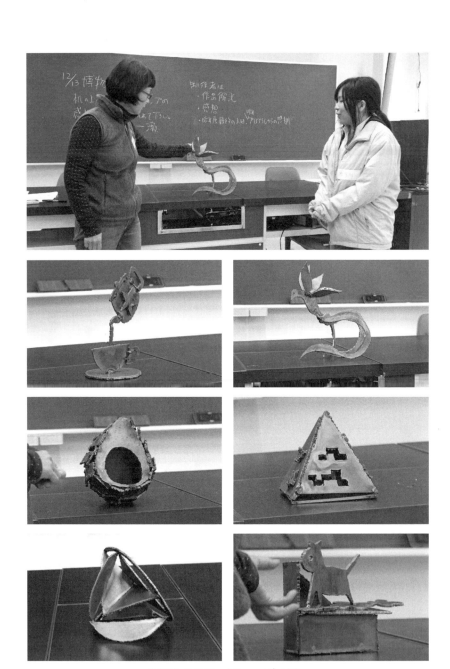

写真3 鉄のワークショップ（2）

参加した学生

〈作品解説〉寒かったので温かい紅茶を飲みたいと思ってティーカップとティーポットを別々でつくり、途中から「紅茶を入れている状態」にしようとつくった。大変だった点は、絵を描くのが苦手だったことと、紅茶が折れないか不安だったこと。〈感想〉物を作ったりするのは好きだけど、火が苦手なのでやるまではすごく不安だった。平面的なものは想像しやすかったけど、立体的なものは想像しにくいので、もう少し計画的にやってみたいと思った。まわりの人の作品は大きかったりもっと立体的な感じなので、もっとスケールの大きなものでも良かったかな。寒かったけど楽しかった(歴史遺産学科　黒柳絢香)。

〈作品解説〉ピラミッド。自分のいたい空間ということで好きなピラミッドをつくった。横についているパーツと穴は積まれた石を表現した。〈感想〉初めて鉄を使った作業、作品をしてみて細かく作るよりダイナミックにつくったほうが鉄を使って作品をつくるという意味みたいなのがあったかなと思った。ピラミッドをつくったことはとても楽しかったけれど、もっと大きなものをつくってもよかったなと思った。〈昨年のプログラムからの感想〉私の記憶の限りでは、こども相手のフィールドワークの話を聞くことが多かったけれど、今回の授業では大人とこどもどちらも参加する、特に体を使ったフィールドワークの話が印象的だった（文化財学科　門脇彩）。

〈作品解説〉「華鳥」。鳥と花と光をイメージしてつくった。羽が5枚なのは花びらを表現したからである。〈感想〉自分の好きなものを作るということで、想像上の鳥をつくることにした。想像したものが少しずつ形になっていくのは楽しく、うれしかった。曲線を描くことが難しく、溶断するとき苦労した。〈昨年プログラムからの感想〉昨年のワークショップでは、こどもがつくることや描くことが嫌いになる理由についての話を聞いた記憶がある。そのことを踏まえて、今回の活動を考えた時、多くのこどもが興味をもてるだろうと感じる。最初は火を怖がるかもしれないが、板状のものが自分の手で形になって行くことは楽しく達成感がある。さらに、この活動は大人もいっしょに両者よい思い出になる。今回体験した活動は絵がうまい下手に関わらず楽しむことができるので、絵を描くことが苦手なこどもにも芸術に興味を持ってもらうことができる（文化財学科　清野友理）。

博物館での学びを得るために

　以上を振り返ると、1990年代から、アメリカ合衆国の多くの博物館は博物館の第一の使命として教育をあげている。博物館入り、永久保存、私蔵、死蔵と思われがちな博物館は18世紀からその利用者をどんどん変えてきた。教育面では学校教育との歩みとともに変化してきたが、それは途中からとても博物館独自で、そしてリードするものではなくなった。

　今日的な博物館は、本質的、普遍的な資料の価値をまもりつつ、社会的な要求からその使命を見出し、対象とする利用者の学びに供することを目指しはじめている。資料を獲得して、価値づけ、保管、保護する。それは何のための収蔵なのか、そのための施設づくりとその維持というもので必要なものとは。その存在を位置づける。

　その所有者が独自に設定することもできようが、資料の価値に共有性の高いものもある。あつかうものの存在価値について他者の多様な受けとり方もある。都合のよい事例に導いていないか点検する。展示と学びを使命の1つとするときには特に重要だ。資料をどのように読み解き、説明するか。そのための有効な加工とは。利用者がどのように学ぶのかを明らかにできるか。そのために最適な展示、教育法はなにか。このように思考するなら、博物館で展示を展開するためには利用者を前提にしなければならない。それを受けいれるかぎり、その展示は批評的な評価にさらされていく。

　日本の博物館では平成のあいだに目まぐるしく変化した。

　本書では、私が平成元年以降に博物館に関して体験した箱づくり、展示づくり、その展開をふり返りつつ、それに伴う、博物館の使命ともいうべき、いまだ安定していない博物館での教育と社会的影響へ向かう方策を考えてみたいのである。

第1章 博物館建設の事例
― 2010 年日本博物館事情

　まずは、現在、日本での博物館建設はどのように構想され建設され社会で評価されるかについて私の体験から入る。

　博物館の建設契機には、寺社や大名の宝物のご開陳や国立の収蔵庫内の陳列、地域や企業のコレクションの紹介、全国的な歴史民俗資料館・風土記の丘資料館の設置など、いろいろな契機が考えられる。ここでは 1970 年の大阪府吹田市での日本万国博覧会以降に大きく膨らんだ公立博物館建設が迎えた問題点とその運営についての一事例を見てみる。

ハコモノ公立博物館の 2010 年の動き

　2010 年 4 月 18 日の『朝日新聞』には、「博物館　閉館の波－財政難・戦後初の減少－」とあった。それは日本で博物館がようやく充実した。そこに至るために 65 年の年月を費やしてしまったという意味があるのであろうか。はたまた、まだまだ博物館は足りない、にもかかわらず、不景気のために本来は無用であった博物館を建設してしまったものを廃止して、正常にもどそうという動きであろうか。2010 年は見出しの内容が話題になっていることには誤りなく、横ばいなのか、減少なのかという方向でなく、戦後、はじめてはっきりと下降側へ向かいだしたことを如実に示している。

　博物館のなかで、日本の津々浦々まで、戦後にもっとも増えたのは公立博物館であろう。対して、世にあまり知られない小さな私設博物館は数限りなくあるのだが、大きな館では 2010 年 12 月 26 日に、閉館した大阪市天保山のサントリーミュージアムがある。これは未曾有の日本の博物館建設ラッシュに終わりをつげる 1994 年に、近・現代アートとデザインのギャラリーと巨大立体映像館の複合施設として、大阪港湾岸、バブル期に生まれた巨大温水水槽の水族館である「海遊館」の横につくられた。多くの博物館はバブル期に計画され、その崩壊時にようやく開館したものが多い。また、この建設は企業メセナともてはやされていた。

25

このときより日本経済は悪化した。負の象徴とでも言わんばかりに既存の博物館に対する風当たりが強くなった感じをうけるようになった。　公立博物館に対して帰結する措置は、入館料の値上げ、減免見直し。さらに、毎年の10％予算減額、普及活動の減少、企画展の継続的開催の縮小、館の閉鎖といったストーリーを描く。人的対応には業務兼任、専門教育を受けた学芸員の減員や派遣・非常勤職員化がある。相変わらず博物館の存在そのものには冷ややかな社会評価がつづく日本事情であった。地域社会にとってたとえ乱造館であったとしても、日本において博物館活動の拠点がつくられたことの意義は大きい。建物や展示はともかく、その場で適正な活動が行われるのなら、それに対するランニング経費の圧迫はその後の地域活動に支障をきたす原因以外のなにものでもない。だが、公立博物館の運営方法は、2003 年以降に、主だったものはほとんどが時限的な指定管理者の手に移った。

博物館廃止へのシナリオ

　博物館閉鎖の危惧はどこにでもある。象徴的な出来事は、2008 年 2 月 4 日、橋下徹新大阪府知事が 2 月 6 日の就任を前に、府幹部との協議から、83 の府施設のうち図書館以外の廃止・売却検討を指示したことである。この指示の後の 4 月 11 日には、財政再建プログラム第 1 次試案の正式発表があった。弥生文化博物館（和泉市）は廃止。泉北考古資料館（堺市）は市に移管を打診し、無理な場合は廃止。狭山池博物館は大阪狭山市との協同運営化と言うものだった。そして、近つ飛鳥博物館（河南町）は他館の展示品などを集約することで多機能化し、総合歴史博物館をめざすというもので、この集約の時点で近つ飛鳥博物館も独自性を失い、実態としては廃止同然だった。

　この廃止案には伏線があった。回顧すると関西空港開港や大阪府立弥生文化博物館開館のころに大阪府は、1991 年のバブル崩壊の影響をまたずにかなりひどい財政悪化となっていた。これに対処するために、横山ノック元府知事が1996 年に『分権時代の新たな行政システムをめざして－大阪府行政改革大綱－』案を提示した。その後の 1998 ～ 2008 の間は、青少年施設の廃止などをはじめとして、府立高校だけで 31 校も廃校となった。むろん博物館は準候補だった。これが伏線である。橋下府知事就任とともにその延長戦がはじまった

という具合である。

　上記の大阪府行政改革前は大阪府の施設建設ラッシュだけではなかった。そ
れより東京都の方が一歩早く先導していた。1991 年建設の巨大な東京新都庁
舎、1993 年開館の両国国技館に覆いかぶさる江戸東京博物館など日本最大規
模を着々と建設していた。これらは日本列島中のバブル期最後を象徴していた。

　冒頭のサントリーミュージアム建設は企業メセナ的な役割をはたしはした
が、バブル崩壊後はそうした見通しはまったく期待できなくなった。やがて、
そうした他力本願をもとめた各自治体のなかで、2000 年前後からは矛先がボ
ランティアの受け入れに向けられ、導入が本格的になった。これは 1995 年の
阪神・淡路大震災のときの受け入れ側組織の抜本的な意識改革があった。さら
には運営スタッフ、特にフロアー部門について、地元協力団体、外部専門スタッ
フにたよりはじめた。国の機関の独立行政法人化もこれとおなじタイミングで
ある。

　つづく 2003 年の地方自治法改正は、たくさんの公共施設に、直営か指定管
理者制度の導入かの二者択一をせまった。この制度の導入施設は 5 年後には
25％を占めるようになった。この措置は財政的に廃止予定の物件にはやさし
くゆるやかな減額と、廃止までの時間稼ぎ、猶予期間になった。賛否両論があ
る中で、知恵を出し合う博物館運営の姿もあった。しかし、3 ～ 5 年契約とい
う継続、安定性に欠いたこの制度は長期の資料保存性を最優先する博物館とい
う施設にははじめから構造的になじまない。

　指定管理者が 2007 年段階では登録博物館と博物館相当施設である公立美術
館・歴史博物館の指定管理者の 91％が外郭の財団法人である。株式・有限会
社は 5％にすぎないことから、実態としては従来どおり変わらなかった。さら
に 5 年の長期契約の選定になるほど、公募ではなく指名によるものが多く、博
物館の経営体質は変わらない。

　同じ年、学芸員教育を強化する博物館法施行規則の改正省令が検討されてい
た。双方ともが博物館活動の裾野を広げようとする気概はなく、むしろせばめ
る効果をもたらしかねない。これは図書館司書とともに学芸員資格にもかかわ
るものであり、資格保有者の質的な向上をねらうものの、専門ごとで実現不能
な要求が多い。しかもそれらは総花的な内容であった。たとえ知識が増えたと

しても、知恵をつける方向には向かず、図書館・博物館に対する興味を失わせさせるだけにすぎないようにも思えた。

　2009年に、これからの博物館のあり方に関する検討協力者会議から出された報告文には、大学における学芸員養成科目の改善について触れられた部分がある。そこには、博物館経営の評価、博物館と大学機関との連携、展示の評価と改善・更新、博物館教育の双方向性、博物館の利用実態と利用者の博物館体験、博物館活動の情報データ化、実務実習といった項目が掲げられる。情報と経営といった1997年に修得すべき科目で強化されたが、それをより発展させるとともに、博物館の社会的な存在感からくる社会への使命と役割、連携を問うことに重点をおくものだった。

　こうした強化は、日本各地ではじまった行政評価と連動していた。先行して欧米の博物館では1990年ころから自らの社会的存続を問いかけていた。その中に社会がみる博物館の評価の1つとして「展示評価（エバリエーション）」がある。実態として博物館はこの第三者評価にさらされる。こうした博物館の有効性を図る評価にもとづいた日本の評価尺度でよいのだが、財政問題だけに終始した行政評価であった。学芸員教育自体も博物館の需要からみた評価から成り立てばよいのだが、その余裕もなく、現実の学芸員に増えつつある仕事の項目をピックアップして積み上げ、それに対して専門性をあわせ増やした格好である。

　学芸員養成科目が早急に対応しなければいけない力とは。社会をつきつけられる「博物館の社会的な存在感からくる社会への使命と役割、連携を問う」ことに対する抵抗力、創造力、刺激力、影響力の双方向性の実践力とバイタリティーを養うものが期待されるのである。

大阪府立はじめての登録博物館の誕生に向けて

　さて、開館早々に危機を迎えた大阪府立博物館群はどのような経緯で誕生したのか。実のところ府立博物館は他府県に遅れ、1990年に建設された弥生文化博物館がようやく大阪府立ではじめての登録博物館だった。

　そもそも1875年に日本初の地域博物館的な施設である「大阪博物場」が建物面積2,800㎡の規模で大阪府は出発していたのだが。それは大正時代を中心

とする「大大阪」を生む原動力になったものの、その最盛期を迎えた1914年に府立商品陳列所が移転してきたことで終わりをつげた。その後、大阪府立博物館の計画はいく度かあった。1950・51年には、社会歴史・経済歴史をあつかい文化日本の市民を養成するに足る、生きた博物館をめざすための『大阪府立博物館建設資料集』が作成された。1954年には、『大阪府立産業科学博物館』、1959年には、焼失した大阪府立博物場を復興すべく「府立考古博物館」といったものが計画された。大阪府立博物館は大正時代後半以降、このようにたびたび計画されては消えていったのである。

　さて日本万国博覧会を機にした1970年代、日本は高度成長時代のまっただ中にあった。それは日本社会で吹き出たいろいろな問題が噴出した時期でもあった。まさにその中に、大阪府立博物館建設事情はのみ込まれていく。

　まず、大阪府南西部にある泉大津・和泉市の池上曽根遺跡では、1969年以降の第2阪和国道の発掘調査で弥生時代の大環濠集落であることがわかった。すでにあった、1964年の国道の計画について「池上弥生遺跡を守る会」が結成され、遺跡の保存運動が展開していた。1967年「泉州文化財を守る会」などの活動もあり、1976年に中心部の史跡指定が実現した。史跡地内の南北に第2阪和国道、そして直交して府道松之浜曽根線が通過することと引き換えに。しかし、これら道路はあくまでも仮設的な一時的措置であり、将来、道路が不要になったときには史跡の一体化が計られるべき性格のものである。

　道路建設がもとで1978年に旧建設省との間で収蔵庫建設費が提示され、それに見合って確保した用地として目されていた土地があった。1990年に、国際花と緑の博覧会を開催する余裕があったにもかかわらず、池上・曽根の地に、弥生文化博物館が発展的に開館することになったのは1991年のことである。これが大阪府立ではじめての登録博物館が生まれた経緯である。おって、2001年に史跡公園と泉大津市立池上曽根弥生学習館が全体開館することになる。当時は弥生文化をテーマにする博物館、野外弥生遺跡博物館、体験で遺跡を学ぶ博物館と、弥生文化に接する活きた証拠をもつ場を核とした総合的で画期的な施設に育った。

　他の博物館もまた、大阪南部の大規模開発と大規模遺跡との狭間で揺れ動いていた1960年代後半である。大阪府河南町・太子町にある一須賀古墳群もそ

の1つである。古墳があることの将来の土地活用を案じてダイナマイトによる横穴式石室破壊事件が1967年11月に起こった。これを機会にその存在は大きく注目された。翌年には阪南ネオポリス宅地造成計画地内での発掘調査がはじまった。30数基が未発掘で破壊されたのを契機に保存運動も起こっている。その結果、29ha、100余基の古墳を買収し、近つ飛鳥風土記の丘と称して古墳を保存・管理、公開する施設が生まれた。ところが東側、未買収の130haで株式会社丸紅による宅地造成計画がもちあがり、市民によって「河内飛鳥を守る会」が結成され、府議会・国会へ請願署名運動などによって、丸紅が撤退することになる。そうした敷地の一部もとりこんで葉室・一須賀古墳群は国指定史跡になった。博物館はもともと風土記の丘資料館として設置することになっていたが、後で詳しく述べる修羅（図5）という長さ8.8mある大きな木製品の展示にともなって展示規模も大きくなったことから、史跡公園敷地をはずしてそれら指定地の真ん中に1994年に近つ飛鳥博物館として開館した。

　陶邑窯跡群はその多くのエリアが堺市・和泉市・大阪狭山市の泉北ニュータウンと化した。大阪湾埋め立て土の必要から丘陵部を1250ha以上を切土造成したもので、そこには須恵器の窯跡のみならず、古墳や集落跡も含まれていた。大阪府企業局から1963年の基本計画が出される以前に造成がはじまり、大阪府教育委員会はこれに対処すべく1961年から分布調査と発掘調査の実施を余儀なくされた。1965年には府の職員の考古学技師による調査体制をとった。

　1986年の大阪府企業局『泉北ニュータウンの建設』によれば、「発掘調査に並行して、昭和44年度に映画『泉北丘陵の遺跡』が制作され、遺跡内容のPRに努めると共に、大蓮公園内に『泉北考古資料館』を建設し、府教育委員会の管轄に移した。・・・このようにして泉北丘陵住宅地区の開発計画の着手と同時に始められた遺跡発掘の重要な成果は、かつてこの地に居住した人々の文化遺産としてここに再登場して、歴史を持たないこのニュータウンを過去の重厚な文化と歴史でうらうちすることとなり、風格ある町づくりへ一歩を踏み出すことになった」と記してある。すなわち、わずかな公園内に記念碑的存在として泉北考古資料館は建設された。一変した都市空間の中にその過去を語る唯一の存在となった。しかし、これは今はもうない。

大阪府立博物館基本構想概念図

文化財をめぐる現状
・文化遺産の豊富な大阪
・埋蔵文化財はコンテナ約 12 万箱、大阪府立博物場旧蔵の文化財約 6 千点……展示公開されていない

府の文化施策
・個性豊かな地域文化と高度な都市文化の創造
・国際文化都市にふさわしい世界的水準の特色ある文化施設の集積
・生涯学習の機会を拡充するための教育・学習情報の集積・利用システムの確立

府民のニーズ
・大阪の歴史・文化を学ぶ場の希求
・文化財情報の公開
・生涯学習の場としての文化施設建設

従来の博物館
・「もの」を時代順に羅列しており、「もの」のもつ情報を十分に取り出していない
・地域の文化活動との関連性が希薄
・建設後の自己運動が困難である

博物館ネットワーク

A　大阪全体の歴史・文化を展示し、各博物館の中央的機能をもつ歴史博物館
　　　　　　　　　　　（展示面積　約 4,000 ㎡）
B　特定のテーマ展示をおこなうテーマ博物館
　　　　　　　　　　　（展示面積　約 1,200 ㎡）
C　各地域に根ざした地域博物館（市町村立）

これら三者を有機的に結び付け、運営していく

A

中央歴史博物館（仮称）
大阪の歴史・文化の通史的展示
学校・社会教育と府民サービス
文化財に関する情報管理
文化財についての基礎的研究
文化財の収蔵と保存処理

地域博物館
各市町村が設置主体となり、当該市町村の文化財の紹介と通史的展示をおこなう

B

弥生文化博物館（仮称）
日本文化の源流である弥生文化を総合的に展示するとともに、泉州の歴史と文化の紹介もおこない、学習・研究センターとしての機能をもたせる

近つ飛鳥博物館（仮称）
近つ飛鳥の多彩な文化遺産を通じて、日本古代国家の形成過程や古代の国際交流などを学習・研究する拠点とする。

【民俗資料館】
民俗資料を中心に大阪の風土・文化の展示をおこなう

【河内平野資料館】
自然と人間の闘い、といった観点から河内平野の歴史・文化の展示をおこなう

陶邑考古資料館　泉北考古を改組
「陶邑」窯跡群の出土資料の展示をおこない、かつ陶器の専門館とする

新しい博物館
・「もの」のもつ情報を各種のメディアを駆使して、多角的かつ立体的に展示し、楽しく歴史・文化が学べるようにする
・文化フォーラムとしての機能を持ち、地域文化創造の核となる
・体験学習を中心とした参加型の施設とし、学校教育とも強い関連性を持たせる
・各種文化財の基礎的研究を基にした情報検索システムを作り、府民への情報提供を十分に行う

具体化に向けての動き
【中央歴史博物館】
・庁舎整備構想への組入れ「文化・国際交流エリア」で大阪の原始から現在にいたる展示をおこなう
【弥生文化博物館（仮称）】
・現在公有化を進めている史跡の整備・活用との一体化が課題
【近つ飛鳥博物館（仮称）】
・平成元年 2 月に「近つ飛鳥博物館（仮称）基本構想」策定
・『大阪府総合計画書』の「教育文化ゾーン」の拠点的文化施設とする。
・近つ飛鳥風土記の丘との一体的活用を図る
基本構想に基づきこれらを計画的に整備していく

効果
・内外に開かれた国際文化都市にふさわしい顔になる
・モノトーン化した都市空間を活性化し、歴史・文化を生かした新しい都市環境の整備に寄与する
・歴史的なものの見方を養い、ゆとりのある生活に資する
・複合施設としての相乗効果を生み、開かれた府庁の中核的文化施設となる
・新しい官公庁街区としてのイメージ作りの核となる

図1　大阪歴史博物館ネットワーク構想

ともかく、大阪府南部の3ヶ所に起こった国・民間・府による大規模開発にみまわれた大規模遺跡は、その地ごとにランドマーク的に大阪府の博物館を残したことになる。大阪府の文化行政はつねに開発と表裏一体であったという経緯がそこにある。

大阪府立博物館群ネットワーク構想と展開

　大阪府では、かつて府立大阪博物場なるものが1875年に登場している。にもかかわらず、都道府県立の登録博物館としては大阪府のみが不在であった。そしてついに弥生文化博物館が大阪府で最初の建設となったのである。

　その建設前、長く開発優先で行われてきた大阪府の文化財行政は、コンテナにして12万箱分の遺跡出土遺物が公開されない危機的な状態をつくり出していた。日本で最も立ち遅れた博物館行政の中で、大阪全体の歴史・文化を展示し、各博物館の中央的機能をもつ展示面積4,000㎡をもつ博物館、特定のテーマ展示を行う展示面積1,200㎡の博物館群が構想された。それはもうすでに1980年代も後半のことであった（図1）。

　これらは先に存続が危機となったものであるが、その中の1つは、史跡池上曽根遺跡に付随して、その理解のために日本文化の源流である弥生文化を総合的に展示する弥生文化博物館。もう1つが、多彩な文化遺産をもつ南河内の中でもその宝庫としての近つ飛鳥という地域と史跡一須賀古墳群をかかえもつ古墳文化という2面性をもつ近つ飛鳥博物館であった（図2・3）。両館の開館は関西新空港開港にあわせて具体化された。さらにつづけて、泉北考古資料館を改組して、「陶邑」窯跡群の出土資料を中心とする陶器の専門館として陶邑考古博物館といったものが予定された。

　これらはいずれも当時の府民ニーズの中から、「もの」のもつ情報についてあらゆるメディアを駆使し、多角的かつ立体的に展示し、楽しく歴史・文化が学べる。そして、文化フォーラム機能を持ち、地域文化の核となるというものであった。さらに、体験学習など参加型施設として学校教育と強い連携をもつ。情報システムにより府民への情報提供を十分に行う。そこに期待される効果は、内外に開かれた国際文化都市にふさわしい顔、モノトーン化した都市空間を活性化して歴史・文化を生かした新しい都市環境の整備、歴史的なものの

見方を養ってゆとりのある生活に資すること、それぞれが相乗効果を生み出して大阪府の中核的文化施設となることであった。

　1986 年の『文化財資料館基本構想調査の報告書』には、他にも河内平野資料館、民俗資料館の名がある。その後に街道資料館も検討された。これらはイメージ的にだが、現在、東大阪・八尾市の沖積地の発掘調査、現行の豊中市にある民家集落博物館、枚方市の旧宿場の各地域で展開されるはずだった。これら博物館群の中で具現化されたのは、結局、弥生文化博物館と近つ飛鳥博物館だけである。これらは開館後しばらく、いかなる道を歩んだのか。

　弥生文化博物館は手狭だったためか、カルチャーフォーラム、文化サロン、コンサート、ギャラリーと博物館をコミュニティーサロン化した。その後に府民ニーズとして加わった要素を補完すべく、遺跡北側に接して泉大津市の方で弥生学習館が 2001 年に建設されたが、それは展示だけではないフィールド的な体験を重視した日常的な空間を創り出し、池上曽根遺跡を有機的に理解するための橋渡し的な性格をもった。遺跡を含めた連携的で相補完的な関係を築いたことは、全国に先がけたサイト・ミュージアムのモデルである。

　近つ飛鳥博物館についても実際の古墳の中に入る体感のできる多くの横穴式石室と大阪の古墳文化を語る展示がある特徴をもつ。立地的には不便と言うこともあるが、フィールド的な要素が場、そのものにそなわる。活動はハンズ・オン、ワークショップ、アウトリーチへと向かった。弥生学習館的な場の設計は建設当初から建築設計担当の安藤建築研究所と大阪府教育委員会との間で増設が検討されていた。それは、従来型には足りない図書・情報資料室と学習作業室といった概念をもった空間であった。これは横山ノック元府知事の財政再建案の中で頓挫した。しかし、ワークショップについては既設の風土記の丘管理棟という場が大きな役割を果たし、それを補完するものとなった。

　利用者面で団体の状況をみるならば、2010 年には弥生文化博物館は大阪府下の小学 6 年生の 12.3％が訪れる。地元の小学生を中心に毎年 1 万人以上の小学生の訪問が定着している状況にある。地域的には大阪湾より南海本線・JR阪和線を、近つ飛鳥博物館は奈良側の近鉄南大阪線を中心とする。こうしたことは遺跡・地域・独自のテーマの上で、多様なニーズの選択性で府立博物館が住み分けて群をなしていることが分かる。双方の異なった館が 1 つになったか

らといって訪問者の数が単純に合算されるわけでもなく、それゆえの地域事情の選択で成り立ち、こどもたちには豊かで質の高い教育環境の場が、それぞれの身のまわりの地域ブロック単位の居場所として存在している。

　泉北考古資料館はニュータウンにかわった陶邑という地域に潜在する文化力を呼び起こすという装置としてそこに立地する。展示する重要文化財の須恵器は日本最古の一大窯業生産地としての証しなのである。結局今では廃館となり、陶邑の遺物は堺市に引き取られている。

　これらの館に期待される効果に含まれた国際文化都市、活性化した新しい都市環境整備は、当時の関西空港の低迷、大阪経済の冷え込みの中では求めようもなかった。

大阪府立博物館群と市場化テスト

　基本構想以降、遅くとも 2000 年を境に日本の博物館そのものが明らかにオブジェクト・センタード（資料重視型）からクライアント・センタード（利用者重視型）に移行した。弥生学習館はまさにそのタイミングで開館する。この傾向は、2009 年開館した播磨町兵庫県立考古博物館が、県民を対象としたエバリエーション（評価）を通過した結果、常設展示を立ち上げている状況から見ても明らかであろう。

　2000 年以降、博物館はよりさまざまな展開が要求される施設になった。多様な利用者ニーズに対しての活動の場が求められるのである。これを満たそうとすると、実際には、現行のスタッフでまかないきれないのは自明の理である。となれば、何らかの方策が必要である。今のところ、場を中心にして、それぞれが重ならない使命を社会に向かって放射状、多岐に発信すること以外に、そうしたダイバーシティー化に向けての処方策は見あたらない。前提として、核となる館の中身、資源のストックと充実、さらにその加工が素となり必須となる。それだけに少ないスタッフで出前という外むけの改革案だけに人間をさくということになるアイデアでは、枝木が育っても幹の中身が空洞になりかねない。

　開館当初の大阪府教育委員会の直営的な財団法人大阪府博物館協会から、2006 年に指定管理者に移行した。初回は「大阪府立弥生文化博物館、大阪府

立近つ飛鳥博物館及び大阪府立近つ飛鳥風土記の丘の管理運営業務事業」財団法人大阪府文化財センターに委ねることになった。

　2巡目となる2011年からの大阪府立近つ飛鳥博物館及び大阪府立近つ飛鳥風土記の丘の管理は、大阪府議会によって財団法人大阪府文化財センター・近鉄ビルサービスグループに選定、指定された。期間は2011～2016年になる。その選定理由は、まず品質項目について一定の水準に達しており、本事業を委託するのに適した団体であること。そして、複数の法人でグループを構成したことにより、事業品質を維持しつつ経費削減や広報強化など、効率的な運営を提案したことが評価できることとのことである。

　さて、弥生文化博物館の方は、2010年度では、府と市町村との協力を前提にして人件費などの予算がさらに削減された。その中で地元両市は、人員・予算両面での協力を促進し、3名の職員ＯＢ並びに嘱託学芸員が配備された。また、2010年5月から開催された春期企画展「いずみの高殿発掘15年　弥生鳥瞰−池上曽根に生きた人びと」では、地元両市主体で展示企画・準備がおこなわれた。予算は和泉市からもちだされ、泉大津市は池上曽根弥生学習館主催の関連イベントを同時に開催した。今後も、史跡との一体活用事業と地元連携の強化をさらに推進されていくようだ。

大阪府のあらたな博物館の再生に向けて

　これまで記述した大阪府博物館群の経緯の中でも最近の傾向を表現してみる。

　指定管理者として時間が切られ、業務内容は廃館におびえ、出前事業などの自転車操業で疲弊し、そこからもたらされる館の内実は空洞化する。もし実態としてこのような状況が危惧されるのであれば、一体だれが大阪府博物館群の中長期展望を描くことができるのか。

　ここでは考えることができる大阪府博物館群の基本的な特質を述べる。

　大阪府立博物館群は結果として、1つ1つの歴史を刻む出来事が起こった「場」に建てられた独特で地域性と多様性をもつサイト・ミュージアム群であることが特徴である。大阪にとどまらない日本・世界規模で重要な遺跡、そこから発信するテーマから呼び起こされる交流がそこにある。これに過去・未来

を含めた共有財産である「かたち」をもち、単独では決して成り立たない。

　廃館という「危機感を一掃する元気と未来がいる」。弥生文化博物館と近つ飛鳥博物館は、弥生時代の大環濠集落である池上曽根遺跡と古墳時代の大型群集墳である一須賀古墳群といったそれぞれの歴史テーマを刻む「場」において。1991年以降にできあがったばかりの博物館たち。それに対して前向きな運営が考えられないだろうか。廃館案の時は、短期間のうちに存続の検討に移るほどの材料も内容もととのってはいなかったはずである。

　若年層の入館実態で長期的な見通しをたてることができる。弥生文化博物館には地元小学生がたくさん訪れる。たかが20年の蓄積かもしれない。しかし、ここだから児童が集まれるという側面は強い。近つ飛鳥博物館もおなじである。双方の異なった館が1つになったからといって小学生の数もまた単純に合算されるわけでもない。別々の学びの場とゾーンにあってこそ、それぞれの地域やテーマの上で多様なニーズの選択性が成り立つ。府立博物館が群をなす構造を揺るぎないものにする。こどもたちには豊かな教育環境の場が、それぞれの身のまわりの地域ブロック単位での居場所がいる。

　元気がない博物館、元気がない大阪に文化地域力のアイデンティティー確立のためには意識的な画期がいる。市民・府民・国民を活気づける素材は発信基地である博物館にすでにある。そのための発信基地をつくる努力はいらない。必要なのは人を動かし、いかにストックとハコを融合させるか。ハコのなかにある文化・知的財産により一層、目を向け、内部開発と加工をおこたるべきでない。

　博物館は図書館とならぶバーチャルな社会教育施設である。その上、博物館にはバーチャルでない「本物と本質」があり、それに接して得られる「興味と気づき」がある。人の知る権利、知る喜びを得る権利に対し、潜在性と専門性を活かした生の情報を提供する。知恵をめぐらせ、語り合える「場」が存在する。地域コミュニティーがかかえもつ共有財産の蓄えをもつ博物館、そして大小の地域を含めたかたちと顔をもった博物館である。

　以上、1969年以降のわずか40年にも満たない大阪府立博物館群の建設を類型化すると、それぞれは建設時の複雑な社会的な要求をそのつど、ある程度までは満してきた。それは10年単位にめまぐるしく要求が変わった。たとえ

最も古かった泉北考古資料館であれ、大阪府民で大阪府立の博物館にはじめて
触れた小学生はまだ還暦を迎えていない。大阪府には親子何代かで触れた博物
館自体が少なすぎる。こどもに連れられてはじめて博物館に訪れる親の方が多
いのが実情である。それゆえ、まだまだ建設された博物館の内容をはかれる大
人がたくさんいるとは思えない。つまり、根づく期間と正式に価値判断する機
会が充分に与えられていない。少しでも長い目で博物館というものを見つめ
て、そこではじめて基本的な見直しがいる。持続可能な社会づくりのスタート
として。

　博物館群が形成されてきたこれまでの経緯を重視したいものである。

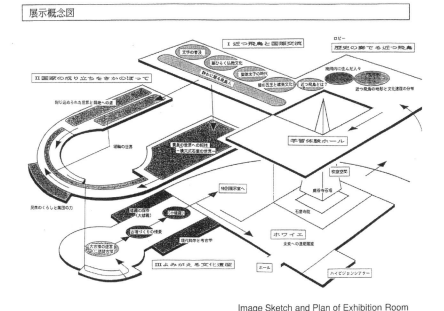

Image Sketch and Plan of Exhibition Room

図2　近つ飛鳥博物館展示概念図案

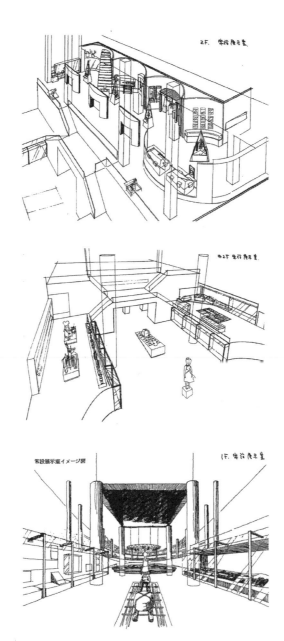

図3　近つ飛鳥博物館展示室イメージスケッチ

第2章 | 近つ飛鳥博物館建設

建設基本構想

　ふつう、博物館を新たにたてるかどうかもふくめて、まず現状を調査し、基本構想というものをつくる。以下は、1990年に示された「大阪府立近つ飛鳥博物館基本構想」（大阪府南河内郡河南町大字東山）の概要である（大阪府1990）。

「大阪府立近つ飛鳥博物館基本構想」

　大阪府の街が東京と決定的に違うところは、農耕文化がはじまって以降の歴史の重みの格差にある。こと教科書にも登場し、ほとんどの人々に知られている「仁徳陵」や「応神陵」古墳は、周知のように世界最大の規模を誇る墳墓であり、そこには当時の先端的な知識や技術が集約されている。これらの巨大墳墓は「倭の五王」がはじめて、国際的にみずからの権威を誇示した記念的な造形物で、これらを欠落させると日本の歴史が空白になるほどのものである。

　ところが大阪の場合、こうした歴史的に優れたモニュメントが、街のイメージや街づくりそのものに、ほとんどといってよいほど結びついていない。いわば「宝」のもちぐされといって過言ではない状況にたちいたっている。その主たる原因は、文化財に関する情報提供が不足していることにあるのではないだろうか。情報化しつつある現代社会において、歴史・文化情報の制御とその適切な提供のシステムは、大阪府においてもつよく望まれているところである。このような状況に鑑み、大阪の歴史・文化を理解・学習し、あわせて情報・研究センターとしての役割をもった歴史博物館を建設することが、いま急務といえよう。

　さて近つ飛鳥とよばれる地域は、府下でも有数の歴史と文化がストックされているところである。二三の例を挙げてみると、4基の天皇陵古墳や聖徳太子墓古墳があって「王陵の谷」とよばれる磯長谷、新しい構造の石棺式石室をもった渡来的色彩の豊かな飛鳥官人の墳墓、前方後円墳・前方後方墳・双円墳ある

いは大型方墳など多様な豪族の古墳、有力家族の共同墓地・一須賀古墳群、帯金具や墓誌をともなった奈良時代の古墓、律令文化の華ひらく古代寺院、古代の官道・竹内街道など、枚挙にいとまがない。

　総じて渡来的色彩の濃厚なことが、近つ飛鳥における文化遺産の特徴をきわだたせる。いわば古代の国際交流が、古墳・寺院などに封じこめられている。そして7世紀代の支配者は、このような渡来文化・渡来人をくみこんで古代国家を形成していったのである。つまり日本古代国家―律令国家形成のプロセスが、近つ飛鳥のモニュメントに姿を変え今に遺っている。

　このような変化に満ちた文化遺産のおりなす歴史的世界が近つ飛鳥なのである。そして幸いなことに、古代からの限りない情報を秘めた文化財が、緑あふれる自然環境のなかで、ほどよい調和を保ちながら現代にまで遺されている。あたかも地域全体が「歴史博物館」の様相を呈しているのであって、飛鳥・白鳳時代の歴史的雰囲気に浸り、古代のロマンに想いをはせる場、あるいは歴史・文化を実感する体験学習の場、さらには地域的有為性をふまえた生涯学習の場に、このうえなくふさわしい。

　こうした歴史的有為性に満ちあふれた近つ飛鳥の地に、歴史博物館を建設し、さきに開園した「近つ飛鳥風土記の丘」とあいまって、歴史と文化のストックを活かした街づくりの拠点的文化施設としていくならば、それは南河内地域の活性化につながるとともに、大阪の都市アメニティの向上、さらにはゆとりのある人間環境の創造にとっても、大きく貢献していくことであろう。

　1．目的

　古代国家の国際交流を今に伝え、日本古代国家の形成過程の解明に欠かすことのできない文化遺産、変化に満ちた多彩な古墳の宝庫―近つ飛鳥は、地域全体が遺跡博物館・野外博物館としての性格を有している。したがって近つ飛鳥博物館は「近つ飛鳥」という固有名詞・地域性と、「古墳文化」の2枚看板をもつことが望ましい。

　1）南河内地域の歴史・文化活動の発信源とする。2）楽しくわかりやすい展示を位置づけ、歴史に親しむ機会をつくる。3）近つ飛鳥地域は日本古代国家の形成過程の解明にとって、非常に重要な意味をもった地域である。この他に遺された6・7世紀の文化遺産は、そうした歴史の証人だが、まだ十分な研

究がおこなわれているとは言いがたい。そこで、この博物館では地の利を生か
した研究―考古学・文献史学の共同研究など―を実施する必要がある。4）古
墳文化の情報センターの役割をになわせる。

　２．特色

〈近つ飛鳥の歴史と文化のストックを活かしたふるさとづくり〉の一翼をに
なう歴史博物館はいかにあるべきか。「博物館行き」ということばに象徴され
るような陳列館的な、古色蒼然たるイメージの博物館であってはならない。府
民が有効に活用でき、地域社会に密着した生きた博物館という持色を明確にう
ちだす。さらに人のあつまる魅力ある博物館にするためにつぎのような特色を
もたせる。

　コミュニティー広場として開かれた博物館、生涯学習の機会の提供、学校教
育の一環をになう博物館、体験学習による古代への参加、わかりやすい歴史と
文化の展示、府民に親しまれ新しい大阪文化の創造につながる魅力ある展示、
野外博物館的活動の実施、先端技術を装備する博物館、研究センターとしての
機能の充実、情報センターとしての博物館、近つ飛鳥風土記の丘との調和。

　と言うのが構想である。その後、この博物館構想は多種多様な関係者によっ
て、その建設は達成されるにいたった。

設計概要

　1998 年 11 月 18 日に近つ飛鳥博物館は第 6 回公共建築賞（文化施設部門）
を受賞した。その理由は企画、設計施工が優れていること、地域社会への貢献
が著しく、文化性が高いこと、施設管理、保全が良好だということらしい。そ
れ以前にも、1996 年 第 37 回 建築業協会賞（BCS 建築賞）、1994 年 第 23
回 日本芸術大賞などがある。

　この博物館は、大阪府河内郡河南町・太子町にある 6 ～ 7 世紀に築かれた
250 基の古墳からなる国史跡―須賀古墳群の中央にある。古墳群の半分であ
る 29ha を大阪府教育委員会は 1970 ～ 73 年に公有化し、これを風土記の丘
という歴史公園にし、それに併設する資料館を計画した。ところが、1986 年
に文化財資料館基本構想（ネットワーク構想）を打ち出し、「大阪府立近つ飛
鳥風土記の丘」部分のみを開園することとなり、併設という枠にとらわれない

資料館をめざした。1988年には、近つ飛鳥風土記の丘資料館基本構想策定委員会を設置、1989年に先の近つ飛鳥博物館基本構想が策定された。おって同年末に安藤忠雄建築研究所に建築基本設計を委託し、1994年に開館する。

　1．設計 1991年4月から　博物館工事発注：大阪府建築部営繕室、博物館本体工事管理：（財）大阪府建設管理協会、建築工事施工常駐管理：株式会社林設計事務所、建築工事施工管理：安藤忠雄建築研究所、造成工事：協和産業株式会社、建築工事：鴻池・三菱共同企業体、建築外構工事：鴻池・三菱共同企業体、電気設備工事：八千代電設工業株式会社、空調設備工事：河内長野市公認水道工事業協同組合、衛生設備工事：久保工業株式会社、冷凍機その他設備工事：株式会社南丸八建設、昇降機設備工事：シンドラーエレベータ株式会社大阪支社、汚水処理場設備工事：株式会社エス・エル、植栽工事：株式会社タイキ、展示工事発注：大阪府教育委員会文化財保護課、展示工事施工：株式会社日展、音声解説機器：ソニー株式会社、ハイビジョン：三洋電機株式会社

　2．展示製作 1992年1月から　資料製作発注：大阪府教育委員会文化財保護課、映像制作：株式会社日展、遺物保存処理：（財）元興寺文化財研究所、資料修復：株式会社京都科学、模型製作：株式会社ヤマネ、株式会社京都科学、複製品・模造品製作：株式会社京都科学

建築工事

　安藤忠雄建築研究所（以降、研究所）と大阪府教育委員会文化財保護課博物館建設準備室が交わした4年間。つづいて開館後においても、研究所と近つ飛鳥博物館との間に建物に関する会話がある。これは、真新しい建物当初の姿の保存を意味しない。たいせつなことは、訪れる人に刺激的で快適な空間と感じることを持続、維持することである。

　博物館を建てることは、建築家が巨大なオブジェをつくるだけ、クライアントが展示や収蔵、管理だけということではなさそうである。プロデュース、ディレクトするのは誰か、それは建物に求められているさまざまな機能を熟知し、それを現実にし、人を育むことができる人やグループだろう。持続した建設、それにたずさわる人々がトータルに空間のせめぎ合いをコミュニケイトできる状態であることを感じる。

　ここでは、私が1990年から弥生文化博物館の建設準備を手伝ったあと、近つ飛鳥博物館に関係したことから、その建設過程の雑感を記す。

環境博物館として

　1989年に、建築基本設計を委託された研究所は近つ飛鳥風土記の丘及びその周辺を博物館立案担当者である広瀬和雄さんとともに訪れ、「敷地周辺には・・横穴式石室が点在している。・・石室の内部は死後の世界である『黄泉の国』とイメージされ・・そして、風土記の丘全体を1つの環境博物館としてとらえ・・」という古墳群の印象を語っている。その研究所設計原案を参考にして3ヶ月後の展示業者選定コンペの際、展示手法に条件を付けた。それは、吹き抜けを活用した多層式の展示に伴う「遠近感のある展示」「角度の異なる展示」「上から斜めから見る展示」「連続と不連続」の展示で全体を構成する、というものだった（図3）。広瀬さんは、彼が同時期に立案した「体育館型のフレキシブルで展示変更をつねに行える展示室」という弥生文化博物館の考え方をここでは示さなかった。近つ飛鳥博物館では、研究所とのキャッチボールによる空間の奪い合いの展開の場となった。

　このタイミングで立案者である広瀬さんは弥生文化博物館建設へと専念した。以降、府知事選の影響もあって、新チームで開館までの4年の年月が費やされることになった。大阪府の人事異動は長くて3年おき、開館時にはこの時の事務メンバーはいない、技術メンバーもほぼいない。建設準備室内部で建設の話が二転三転する原因がはじめからそこにある。同じ基本的な説明が、新人を迎えるなど、ことあるごとにくり返される。そのため、第三者にとって複雑怪奇に思える建物空間内部は、建物と展示品との関係をシミュレーション、それを説明するためにわざわざつくった100分の1の展示計画模型が活躍する。役所側が立ち上げから同じチームでイニシアチブをとろうとすれば、ふつうなら建設に3年以内という条件がここにつく。

　結果として、大きくは最初のイメージが最終まで残った。そのイメージは、古墳群の中にある新たな古墳の丘、そこに切りひろげられた横穴式石室の羨道をイメージした通路を抜け館内に入る、中は徐々に暗くなり、石室の内部、地下へと降下する。その闇を抜けると一気に明るく。そこは黄泉の国の空間とは

対照的に外に開け放たれた吹き抜けで、人々は上昇する。そういった空間。

　これは建設設計と展示工事を役所外部の人が主導的に行い、しかもそれらの担当者が開館までは変わらないという条件設定をしたことに理由の１つがある。建設準備室の役割は双方の調整と最終的に空間に持ち込む品物の製作やその選定と財源のだんどりが主なものだ。恒常的な展示機能を主たる目的とした博物館建設では本来、そこにおかれるモノから出発すべきはずだが、おかれたのは遺跡のなかに立地するという土地環境であった。人々をこの不便な土地に惹きつけるために、まず、不動産から立ち上がった。

建築空間の構成として

　設計を請け負った研究所は当初、展示室内にいくらばかりの象徴的でダイナミックな展示品をおくだけの美術館を想定していた節がある。がらっと変わった基本設計第２案では大きく解き放たれた展示空間の最深部中央に修羅という長さ8.8mの巨大な木ゾリを設置するという構成。他に周囲に７点ばかりの展示品を置けば十分だと考えたのだろう。相変わらず、大阪府で次に予定していた「池の資料館」も巨大なため池の堤の断面をどんと置き、後は通路のような空間構成だった。

　ただし、近つ飛鳥博物館の場合、中央に修羅を置くことについて、保存処理が完成せずに処理を終え、いつ変形を起こしても展示室から引き上げることが展示条件となったことやいくら巨大といえども木ゾリという単純で普遍的な道具から歴史展示のストーリーの中心にすえることは難しかった。そこで古墳時代の歴史情報が多い仁徳陵古墳復原模型をおくことになった。建築の基本設計が遅れるなか、第２案をもとに、展示の基本設計案が先行していった。平行して、博物館の展示、収蔵、管理部門などの直接的な機能と一般来館者共用・デザイン部門、設備との縄張り争い、陣地取りがはじまった。大まかな面積はもうすでに査定済みだが、それぞれの担当の中で持ちだされる使用空間は広いにこしたことはない。必然的に面積が足りない。うかうかしていると、博物館の直接的な機能に関わる面積をあたりまえのようにけずる調整もあり得る。

　ふつう、もっとも被害を受けるのは、財政側の見方で無用に思える空間、ものをおかない空間である。結果的に直接、その窮屈さは開館後に運営する人間

が被ることになる。しわ寄せは廊下のような共用空間が受けもち保護者がいないような空間にみえるが、廊下、ロビーといったところは営繕室が建築空間での割合実績をのばそうとやっきとなる。どんなに広くても地下鉄での朝夕の雑踏のピークにまだまだ通路を必要とするかもしれないような空間。実際、弥生文化博物館で入館チケットを雨天時に購入するときには、風除室がせまい。３・４人ほどが立止まるだけで雨の中で待たねばならない。そんなことを考えると、無用の空間はせまく快適ではない。近つ飛鳥博物館は入った場所は無料空間、チケット売場までは何百人でもまてる。これが多いのか少ないのか？そのために展示ロビーとその空間とは共有のものになった。展示空間なのか広場なのかわからない。情報コーナーと図書コーナー、そしてホール・ホワイエとハイビジョン・コーナーが間仕切りなく合体することになった。こういう折り合いがついた。

　廊下と同じくもち込む品物が不鮮明な空間は誰も死守しにくい。つまり、セミナー室とホール。結局、人員と方針が見えないセミナー室・体験学習室・実験室は相談カウンターと姿を変えた。博物館の性格上、最初から体験学習室・実験室は別棟での展開が考えられてよいはずだった。博物館建設が周辺整備に入った頃にようやくその必然性は見えた。結局、研究所からの図書館の別棟拡張提案を軌に、図書資料とワークショップ、本館という３ブロックの建物を道で結んだ「兵庫県立こどもの館」のような建築コンプレックスをイメージすることになった。体験学習のためのワークショップ・ハウスの線引きに入ったが、結局のところ増設は難しく、現在に至る。結局からだを汚し、火を使うようなワークショップは床の水洗いが容易な風土記の丘の管理棟でおこなう。「宮城県美術館」のような一見、無意味、無理屈に思える何もない普及室という空間というものにおく品物でもっとも重要なのは人なのだ。だから何もない。何が起こるかわからない状態にしておく。これからのミュージアムでは最も必要なものだ。

ものを設置する空間として

　コンクリート打放しは内装をしっかりすれば別だが、スポンジのように直接、外気の影響を受ける。二三日強い雨がつづくと内壁表面に水がしみ出して

くる。近つ飛鳥の場合、突然、空調機器が停止しても急激に空気が変化しないのは木製の壁を持つ特別収蔵庫くらいなものだ。そうした内装をもたない修羅室の24時間空調パッケージが開館後の雨の日にとまったことがある。みるみるうちに湿度は60％をこえ、修羅内部の保存処理剤のポリエチレングリコールが表面に吹き出した。そのときについた黒いシミはなくならない。現在のほとんどの建物が空調機械を頼らざるを得ない。なおかつ、設備は建築プランで最も後手に回る。機械は普通四角い。そこに曲面の壁がくる。また、ドーム状の空間に配管が這いまわる余地は少ない。しかも建設当時は、財政にみとめられていた機械室が占める面積比は、空調が常識となる以前のものだった。機械が大きくなかにおさまらない。

　空間のせめぎあい。今の博物館に展示機能が最も優先されるなら、まず、展示品の絶対的な寸法が先行されるはずだ。しかし、展示設計作業は車椅子の通行を最小限に保証しつつ、どういった品を納めるか、からはじまる。搬入から展示までを考慮したのは、皮肉なことに展示に不都合が生じた修羅だけであった。展示品から立上げたようなI.M.ペイ設計による滋賀県の信楽にあるMIHO MUSEUM（ミホ ミュージアム）の展示ケースや照明には驚かされる。展示だけでも、設計の質のコンビネーションが必要だ。近つ飛鳥博物館では展示室内の眺望を重視するのに、部屋の内側にくる展示の収納を低くして展示空間を一望できるようにした。さらにゾーンごとの間仕切りの環境づくりを最小限におさえた。兵庫県の姫路文学館は眺望できるはずの空間に間仕切りしてブース化した展示という組合せで、互いの長所を減じている。そうしたことが起こらないように配慮したが、近つ飛鳥博物館の展示照明をビルトインではなくシステム化した一部のものは1970年の大阪万国博覧会のころの高位置からの展示空間を見る観覧者の目の前に照明器具がくるという失敗をくり返した。

　変化することができない絶対的な寸法である展示品を押し込めた展示室。にもかかわらず、面積がそれぞれで膨張した解決策としての第3案は建築モジュールの変更だった。すなわち、それぞれの言い分を研究所がとり込んでおさめた図面を全体に査定面積に合うように縮小する。まわりの比率が変わるが展示品は縮小しようがないので、設計空間には収まらず入らない。展示設計の細部はほぼ一からやり直しとなった。また、細かい変更では展示ロビーで壁展

示を予定した場所は窓に変わった。これでは展示品とパネルは置けない。そういったことは日常茶飯事であった。この変更は逐次、契約業者と金銭的トラブルへとつながる。

設計変更について

　設計変更。これが許されるのなら、実はメリットがいっぱいある。展示資料の製作や借用交渉などでの変化などで展示の複雑化が起こる。その時に展示設計側の見直しのチャンスも訪れる。これはなかなか、お役所仕事では難しい。デザインの統一は特にそうだ。○○長という人のお気に入りのデザインがあった場合、設計や建築途上でほかに変更点があり、全体の形状や色調のバランスが崩れても、それは決済済みとなり、どうしても変更、排除できなくなる。弥生文化博物館ではそうした障害がいくらでもあった。

　さらに、吹き抜けを利用しての大型の展示を試みた際に、空中に通路を設けそこから見せるという変更があった。これなどまさに作りつけ、ビルトイン演出である。展示ケースや演出なども建築に組み込まれだした。これは体育館型での展示間仕切りの発想とは離れた。回廊型とも違う、ドーム状の空間に展示を漠然とそして、じっくり観る環境を創りだした。研究所は中央にある模型と建築空間だけを見せようとしたようだ。後者の人数の限界は弥生文化博物館では1日あたりの入館者が500人位であるのに対して、この近つ飛鳥博物館は面積比では1.5倍だが1,500人くらいとなる。それまで日本の博物館の入館者の1日あたりの最大人数は1万人強と言われてきた。しかし、万国博会場にも似た、動線に関係なく大量の見学者を一気に展示室に送り込む広場のような1993年開館の東京都江戸東京博物館では桁が変わった。

　建物自体の立地の大きな変更は、基本設計に入ってから用地内の確認調査で古墳があることが分かったことである。建物全体を限界まで回転させ、さらに道路を浮かして石室を保存するために避け、ぎりぎり遺った。造成に入ってからも、確認の立会で古墳がさらに見つかった。文化財を保護するはずの教育委員会側が古墳の破壊は免れないとの妥協的な意見が多かった。その中、研究所は古墳の博物館を建てるのに古墳を保護しないのはどういうことかと、建物設計を変更することに抵抗がなかった。ただし、いずれもぎりぎりで保護したた

め、工事施工業者が古墳に注意しながらの施工に対する煩わしさがもめごとの
たねになった。博物館は竣工した、開館したときだけの建物でなく、何が博物
館として本質的に重要なのか。それはその都度違ってくるかもしれない。そう
した意味では建物ごと体育館型のフレキシブルなものなのだ。細かい設計変更
やユニットとしての増築などは、時代の中で生き物のようにうごめくべきもの
なのだろう。

　こうしたことは、後で述べる展示評価と同じような建設評価が期せずして目
まぐるしく起っていたことになってしまった。

ファシリティ・レポート

　建物を借用保管・展示施設として見た場合、借用した資料が安全に収蔵・展
示できるかどうかの確認のために、借用館のファシリティ・レポート（facility
report 施設概要報告書）の提出が求められる。特に海外、アメリカ合衆国
内の多く博物館は借用交渉のもっともはじめにこの報告書を求めて借用先を
審査する。以下の書式は、アメリカ博物館協会（American Association of
Museums:STANDARD FACILITY REPORT-United States Registrars
Committee of the American Association of Museums Adopted 1998)
であるが、これを活用することが多いので以下にその項目を掲げておく。

　1.　職員と契約主及び一般事項
　2.　建物の構造、形状とメンテナンス
　3.　施設の環境
　　　空調機のタイプや稼働状況、借用期間中の展示室や展示用の一時保
　　　管庫での温湿度の設定値・変動予想値、空調機センサーの構成頻度
　4.　防火
　5.　セキュリティ
　6.　輸送と梱包
　7.　保険
　8.　借用履歴

第3章 | 資料製作

資料の諸製作

　先の大阪府立博物館群の建設の起点は、大阪府には博物館資料となるこれま
で多くの遺跡を発掘して得た豊富な出土品があるということであった。１点あ
たりの高価な美術品の収集といった基本的な蓄積がいらないという利点が強調
された。しかし、目的的でない資料コレクションの価値付けとその説明のため
の展示をおこなうためには、かなりの周辺資料を整える必要が実はある。それ
は一種の開発なのである。

　博物館資料には、実物、標本、模写、模型、文献、図表、写真、フィルム、
レコードなどがあり、それらは収集・保管・展示されることになる。これらは
分類、保護、収納、修復、演示と、目的に合わせて加工される。

　加工の具合は、収蔵目的の場合は空間が閉鎖的であるため、人的な資料損傷
率は少なく、梱包材、空調、火災・地震などの自然災害からくる損傷を防ぐ環
境配慮に重点がおかれる。これらの対策には、建築構造で解決できる問題が多
い。

　問題は展示するときである。資料が置かれる環境と目的は千差万別である。
資料の製作は展示ストーリーを実現するために、実物資料単体もしくはその環
境に供することが困難な場合などに発想され、それに至るときが多い。今や実
物をそのまま陳列することは少ない。

　そして、大幅な製作加工が必要なのは、ふつう展示目的であり、展示製作物
であり、実物資料とは価値観が異なる。展示意図を伝えるために品目は年々、
増加する傾向にある。

　１. 実物加工　まずは、実物資料そのものの標本化・剝製化、実物資料欠損
部分などの補填・再現や安定台の付加といった修復が主である。この作業は実
物に直に接することから、作業に伴って起こる形状変化など、もともとある資
料の価値観に対するモラルが問われる。補修材料によって、軽量化やウェート

などで全体の重心バランスを改善して座りのいいものにする（図6、写真4）。

　また、オリジナルの音声や映像資料は、フィルム・レコード・磁気テープといった保存媒体がコンピュータの発達によりデジタルに置き換えられ、保存修復が図られることが多くなっている。これは媒体がまったくことなることから、前者は実物資料、後者はコピーやレプリカとしての資料価値に変化しているが、デジタルの保存方法は確立していない。

　2．複写（コピー）・複製品（レプリカ）　実物資料に付随して、3次元の記録物としても取り扱われる複写や複製品の製作がある。模写・複写は印刷物のない時代から製作され、資料評価が高いオリジナルが失われたものにはそれ相当の価値観が加わる。また、立体物に関しても、実物との接触や移動が困難な古人類骨やそれに伴う石器などは、展示に際してそれ相当の価値が付加される。

　レプリカは1970年代ころまでは石膏製が主流を占めていたが、現在は樹脂製である。シリコンで雌型をつくり、樹脂を流し込んで雄型をつくる。その後、型の合わせ目にできたバリを取り除き、型が写せなかった部分など微調整を加え、彩色する。その中で、型取りに際しては重要文化財資料を中心に、シリコン塗付で実物を毀損しないように錫箔で養生することが義務付けられる場合が多い。この樹脂製については、完成後も顔料膜が薄いため、磨滅、傷や剥落などが容易で、むしろ実物よりナイーブな取扱いがいる。ただし、実物資料で困難な空中展示や使用状況の説明など、展示設置に表現の自由があることは利点である。最近は3Dスキャンや3Dプリンタの発達で自由度が一層高くなっている。

　3．模造品　複写　複製品の場合は、表現や形状、材質の忠実さなど、復原目的を重視するため、紙や樹脂などさまざまな材質に置き換えられる。模写（人着）、模刻、模造の場合には極力、実物に材質を合わせて製作される。利点は、復原的に付属物を着装することや、周囲の展示環境と一体化させることができることから、3次元的な空間解説が容易となる。この際、形状的で客観的な記録保存の価値はうすれる。

　留意点は同材質であるため、贋作と区別する表示もいる。取扱いでは、真新しい金属などの表面は不安定なことから、素手で触れると指紋の跡などは形状を変える位に削らない限り消すことはできないため、取扱い注意である。また、

レプリカと称する木簡などは類似する木材をあて、写真技術と同じように文字を焼付けるほか、版をつくり印刷することが多いが、これらは学問的には模造品と同価値であつかった方がいいだろう。

　　4．図表・パネル　　上記のものは単体で展示されるときが多いが、パネルは展示意図を説明・解説・講釈するために製作されることも多い。そのため、実物資料などの単体のもの毎に付属して製作したものでも、その展示ストーリーが歴史的、美術的であるのかによって、展示用途が変わり、必ずしも両者がセットとして2次使用できない。また、展示全体のデザイン統一に障害を起こすことが多く、利用法が限られる。ストーリー展開を中心とした今日の展示では、後者のデザインの検討は必要不可欠で回避できない。

　材質もウッドラックの場合はふつう製作後1ヶ月以内、木製の場合でも薄く、フレームの弱い設計であれば、2～3ヶ月の使用に限られてくる。これらに合板を用い、実物資料と接して展示する場合は、合板の接着剤からくる実物資料への損傷にも配慮がいる。

　パネルは総じて、短期間の価値となるが、過去の解釈や展示意図を知る研究素材にはなる。

　　5．模型　　図表は2次元であり、解説などの意図が明確であり、学問的に判明する内容のみを強調することもできる。対して、模型は総合的な3次元で表現することから、多様性をもち合わせる。それに起因して、文字・図表を認識しづらい利用者にもビジュアルに見せることができ、触れることができるスタイルに変化させることも容易であるのが模型なのだ。

　ジオラマ的に演出するとき、まず、製作目的、製作根拠、表現範囲、仕様、構成を明らかにしなければならない。特に、仕様に関しては、縮尺、寸法の他、設定条件（例えば、地形、季節、植生などは必須条件となる）は細かく設定する。この条件にもとづいて、アイテム数、附帯数なども決定する。こうしたことは映画などの創作では当たり前のことであるが、学問的なレベルからすれば、ほとんどが表現不能になる。模型で表現しようとしても、正確にわかることはほんの一握りの情報である。模型をつくることは、利用者に対して展示意図・理解を助けるため、判明する製作根拠を総動員して展示データに盛り込んだ情報の塊のようなものである。どれだけ部品を補っていけるかが課題である。

6．音声・映像　これらは文章・図表の解説でこと足りる利用者以外にも情報量が多く有効である。今日、展示を助けるために、発信機を展示品に埋め込み音声・文字や静止画をポータブルな装置にその情報を流す、模型にリアル映像や連動した解説映像、判明した図像をバーチャルに補うスコープやタブレット。そうしたものを組み込むことなどが当たり前となり、利用者の五感に訴えかけることができる。特に、音声は視覚障害のある人や文字認識の困難な人の補助となるため、ことさら重要である。しかし、動画や音声は一定の時間尺が必要であり、その間、考える余裕なくストーリーが続くことから、主張が一方的となる。考える隙間を設けたインタラクティブな VR や NR、プロジェクション・マッピングなどがあるものの、その選択性の自由度にはまだまだ限界がある。

　映像・音声の再生機器類についての再現性は日進月歩であり、日毎に最新という価値は失われていく。開館前の設置設計には５年後を見通して設計する必要がある。製作には、シノプシス、絵コンテ（図 4）、台本、ロケハン、撮影・収録、編集、音声録音・編集などの流れがあるが、これも製作ニーズに合わせた日々の技術を設計に取り入れることが前提である。配慮されない場合は、利用者が視聴前から遠ざかる可能性が強い。ただし、パネルやキャプションが未だに必要とされることから分かるように、展示を伝えるために紙芝居、マルチスライドなど、それに見合った表現をあえて選ぶことは、主張が抽象化され伝達が極めて有効にはたらくときがある。

7．解説情報　情報検索系は利用者のニーズに左右されるインタラクティブな製作物である。表層的な情報はより流行性を伴うために、これまでの製作物に比べて価値観が短期間しか持続しない。展示に伴ったコンテンツを作成し、あつかいやすいインターフェイスで利用者をより興味の深層に導いていく手立てがまず課題となる。

　操作環境は、表層的な展示に興味をもったときに発生することがらのデータを中心にして自己検索する行為につなげる。それに対応すべく、多くの情報を収納し、検索に対してもヒット件数が多くなるように設計する。展示に多様性、階層性をもたせることで、多数の利用者のみならず、一個の利用者であったにせよ、その都度の興味、関心が異なることから、それに適応できる検索の応答

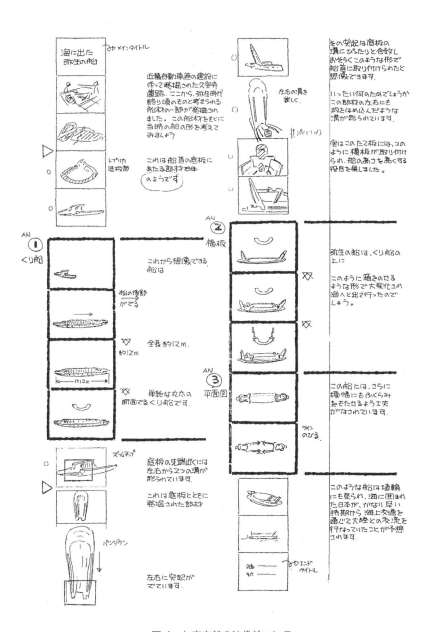

図4　久宝寺船の映像絵コンテ

性があれば、その都度の反復性が期待できる。

　これに伴い、目録、図録といったハード面と、展示解説員、インタープリター
といったソフト面が付随・配備される。前者は展示面で短期であり、後者は長
期であり、研究面ではその逆となる。

　8．ハンズ・オン装置　これも利用者のニーズに左右される。これまでのも
のとは異なり、インタラクティブに働きかける製作物である。そのため、後で
詳しく述べる展示製作評価を遂次、受けることが必需事項となる。特に、人間
環境の原理を伝えようとする科学館では、身のまわりの現象は通常の生活の中
に実物資料としてすでに存在することから、視点、視座、視角を変える作業が
いる。その意味から、展示資料を直接触れるか否かに関わらず、動作を自分の
意思でコントロールできるプロセスの中に、思考のきっかけ、自己での創造性、
考えることをはさむ隙間を生み出す働きをもつ。ハンズ・オンの操作性はマイ
ンズ・オンが基本となる。なによりも利用者がまず、気にとめて関心をもち、
それに触れようとするかどうかが最大の課題である。学び、考え、理解するた
めに、不都合が生じると認められる場合、その展示品は改良されつづけ、完成
に至ることはない。人気のあるものは損耗がはげしい。このことから、欧米で
は、製作工房とスタッフを自前でもつことが多い。

　9．アクティビティー・キット　博物館の使命（ミッション）を個々に表
現するために、ボストンこどもの博物館などを参考にすると、常設展示など
に付随して、展示室の内外で以下のような様々なキットが製作される（染川
1996）。美術館では触図、博物館では触察用のものも用意すべきである。

　発見キット・展示キット—展示と関連したキットと説明書を貸し出す。ゲー
ムボックス—教材をパッケージに入れ、ゲームをする。ポケットサイエンス—
ポケットから小道具を取り出して教える。ワゴン—ボランティアが展示室で展
示室と関連したものを利用者とともに触れ、会話する。

　以上の展示目的を中心とした博物館資料は、実物資料であれば展示に供する
か否かからはじまり、ハンズ・オン装置であれば如何に改良・加工していくか、
製作途中のみならず、常に展示評価を受け、展示室の空間をよりよく保つ工夫
がいる。そして、それら資料の価値観は随時、変化していく。生データを的確
に発信し、問題を検討し、研究・報告し、投げかけ、評価を受けとめ、恒常的

な展示資料とし、再加工し、空間に披露すべく製作し、活用する。それらをつねに吟味、検討、分析、評価し、加工をおこなうことで、資料価値、ひいては博物館自体の存在価値も高めていくことになる。

複製（レプリカ）技術を用いた修復と建築模型

　考古資料の実物修復は、まずは保管用に脆弱な部分を補強する。そして、調査報告書を作成するための写真撮影用に欠損部分などの最低限の補填と彩色をする。しかし、展示に供する資料はその環境によっては完全な360°の補填と彩色、長時間での安定性や強度の確保といった、多くの作業を必要とするかもしれない。さらに、資料に大幅な欠損があり、補填に相当な表面積を補う部分は複製品の製作技術が流用される。

　1．修復　ここでは近つ飛鳥博物館の展示用に修復を行った大阪府萱振1号墳出土の靭形埴輪を例にとる（写真4）。資料は164cmと大きく、重く、突起箇所が多く不安定な品物である。展示は常設展示室のケース台にのり、展示

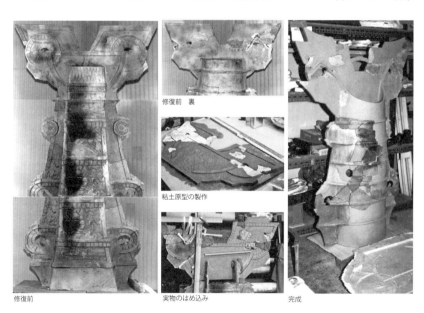

修復前　裏

粘土原型の製作

修復前

実物のはめ込み

完成

写真4　萱振1号墳出土靭形埴輪の修復

位置から上下周囲、360°からの鑑賞にたえなくてはいけない。

　修復は清掃・クリーニングからはじまる。まず、報告書用に補填された石膏、水彩絵の具を除去する。その前に、報告用に実測と写真撮影に補った石膏の立体形が後の補填に使えそうな部分があるのでそこを写し取る。ここではレプリカの技術が生きる。つまり、現物を錫箔で保護してシリコンで雌型をつくり、樹脂を流し込んで雄型を用意、石膏が樹脂に置き換わり強度が増すのである。柔軟性があり軽くなる。欠損が大きい場合はFRP芯材をあてて固定しつつ、実物残存部を錫箔で表面を養生して、輪郭部分を形作った粘土原型をへて樹脂製雄型をつくり、取り付け、実物挿入部分をくり抜き、実物をはめ込むという手順をとるのである（写真4）。報告書作成時の復元担当者などとも検討を加え、新たに分かった未接合の破片を組み込むとともに、石膏という材料的な制約から形状を細かに表現できなかった部分の微修正も加える。

　ところで実物の埴輪がもつ鰭部裏側の突帯の剥離痕から得られる情報などは、エポキシのような強力な接着剤を用いると完全には外せず、2度と見ることはできない。そこで必要とあれば、溶解して再度引き離して観察できる接着剤をつかう。大きな埴輪なので、復元部が樹脂だけでは軽すぎる。その際の運搬時の違和感をなくし、展示中にも安定力も増すように、基底部に鉛などのウエイトを埋めこむ。

　樹脂生地の完成後、必要なら周囲の実物となじませる色調の彩色を施す。ただし、実物と見分けがつきにくいか、その区別が直ぐつくのかは展示目的によって判断が変わる。ここでは後者を採用した。単純に着色すると顔料素材の表面が照かったようになるので、表面は前もって、樹脂の表面に凹凸肌をつけた方がいい。

　2. 模型　建築物と同じように模型をつくる。模型は3次元でさまざまな角度から情報を総合的に表して、多様な実物部分の表現と一致させ、両者のイメージの関連性をつなごうとする展示を助ける。オーソドックスな模型は建築物である。現在でも、実際の建築実施前のミニチュア模型や自動車の概観のクレイモデルのようなものなどをつくり、意匠や周囲との環境、機能を検討する。2次元のCGはその絵をつくる製作者の意図が多く反映されるので、いきなり3次元模型をつくると面が合わない矛盾が見つかる場合がある。その際、製作時

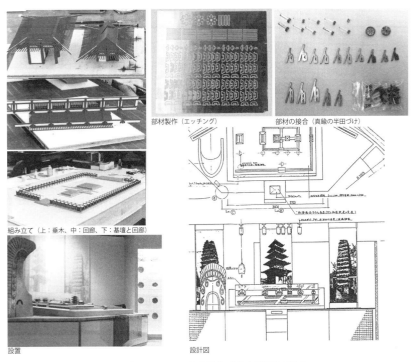

部材製作（エッチング）　　部材の接合（真鍮の半田づけ）

組み立て（上：垂木、中：回廊、下：基壇と回廊）

設置　　　　　　　　　設計図

写真5　四天王寺寺院伽藍復原模型の製作

になってはじめて抜本的な表現修正が求められることがある。ここでは、大阪市にある四天王寺の寺院伽藍の100分の1復原模型製作を見てみたい（写真5）。

　この展示意図は四天王寺をそのまま再現するのではなく、飛鳥時代の全般的な寺院建築情報を一堂に観察できることに重点をおく。模型ではそれにあう細かな設定を行う。特に、建築模型はパーツ毎の設計、そのアイテム数と使用数量、附帯数の把握が先行する。具体的に分かる瓦の色彩表現、鴟尾などのデザイン、風鐸や立像、石灯籠など、極力、時代を表す要素を最大限に盛り込む。そのため、模型パーツの資料調査は必要不可欠である。また、途上で専門委員会など、多くの人が模型を囲んで検討できる。

　決定後のパーツの型抜きや一点づくり、建物や門を組み立てる。いったんは、工場で仮組みして最終検討をするが、その後、博物館の搬入口と展示造作にあ

わせて、解体し、展示室内で伽藍の組み立てをして設置する。この模型は解説に伴う装置を内部に組み込まずに、手前のタッチモニターで関連情報を見ながら、それに連動させて上部から該当箇所にスポットライトを照射するなどした。

資料の価値とは、考古資料「修羅」の認知継続性について

1．アンケートとして　『修羅』という考古資料を知っていますか

1978 年に、大阪府藤井寺市の三ッ塚古墳の周濠より発掘調査で出土した長さ 8.8 m の Y 字形のソリについた名である（図 5）。発掘当時には新聞等の報道で大きく取り上げられた。その後も、1980 年以降に小・中・高の各学校の教科書で写真と挿絵が載せられた。そのピークは 1980 ～ 99 年である。旧石器の捏造事件が 2000 年にあり、一気に考古資料の掲載が教科書から消えて追いうちをかけているようにも見えるが、中学校のものはすでに 1993 年に外れて下火となっている。14 年の歳月をかけて木製の修羅は保存処理され、辛うじてそのピークのうちに大阪府立近つ飛鳥博物館で展示されたと言う状況である。

私はその博物館で、1999 年に『修羅―その大いなる遺産　古墳・飛鳥を運ぶ』と題した特別展を担当した（近つ飛鳥 1999）。その際に、出土から 21 年経過した修羅について開催前にアンケートをおこなった。約 4 万人の展示室入館者中、77 件の回答があった。ただし、これには 20 代を中心とするアンケート記載に能動的な利用者の回答であったことを考慮しておく必要がある。その期間中に母数は少ないが、館外でもアンケートをとった。日本史専攻の大学生では 34％、民俗学に興味をもつ大学生では 54％、考古学に興味をもつ大学生では 86％であった。

今回、出土から 29 年がたった 2007 年に、京都橘大学の私の担当授業で同じアンケートをとってみた。文化財学科において、1 回生は 19％、2 回生は 27％、3 回生は 15％が知っているという回答であった。しかし、1 回生では歴史学科も含め、60 件中、具体的に知っていた学生はいない。考古資料「修羅」を知っていたのは 4 件である。その理由は学校の資料集とその授業である。これはかなりの低下である。母数は少ないが、文化財や歴史に関心を持つ学生の回答という前提に立てば、この 8 年間で全体的な認識が下降していることは誤

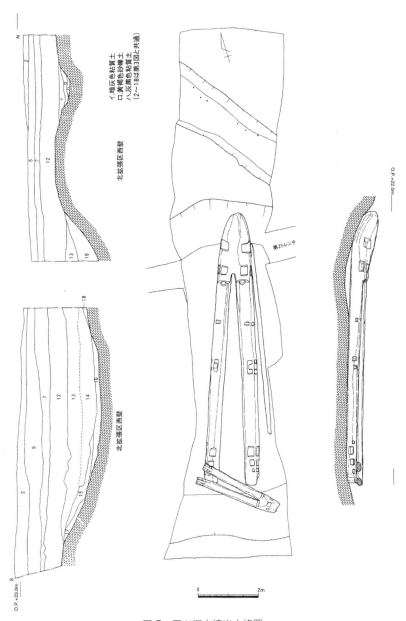

イ.暗灰色粘質土
ロ.黄褐色砂壌土
ハ.灰黒色粘質土
(2～18は第3図と共通)

北拡張区西壁

北拡張区西壁

北拡張区西壁

第2トレンチ

O.P.+23.0m

O.P.+23.0m

0　　　　　　　2m

図5　三ツ塚古墳出土修羅

りない。むしろ、アンケートをとっている際の印象と他の設問の回答内容からすれば、全体にほぼ知らないという解釈ができるほどである。

　発掘当時は報道が連日、活発であったことからその周知はかなり行き届いていたはずである。そして教科書においても20年間、また、保存処理後のしばらくは、博物館の目玉展示として周知性は保たれていた。ところが、21年目のアンケートでは博物館入館前に展示していることを言っていた利用者は25％以下まで降下している。修羅に興味がある可能性の高い大学生を対象としても、その数字すら下回り出したという状況にある。認知継続性は内容にもよるが、さしあたって初期周知後の一次継続性は15〜25年あたりになるであろう。

　2．民俗資料として　「修羅」が出土したときには、Y字形をしたソリの類は「私のおじいさんが使っていた」、「類似品は知っている」といったように、一般の人から当時の他の民具と同じように利用方法などについて話題に上った。そうした親しみやすさも知られやすい存在の理由であった。しかしその後、先述した21年後のアンケートでもわかるように、民俗学より考古学での認知の方が高くなっている。特別展では、京都市鹿苑寺金閣寺庭園出土・福島県長沼南古館遺跡出土の修羅といった考古資料だけでなく、岐阜県小坂町福応寺マタゾリといった民俗資料も取り扱ったが、一般利用者の情報では民具としての体験談の類は見られなかった。情報は「土師の里駅前の和菓子屋で修羅饅頭を売っている」という出土後に発生したものであった。特別展開催後に愛媛県重信町の二股ゾリの情報が入った。それは農家の人が「昭和30年頃まで代掻きの慣らしに使った」と言う使用状況の直接的な聞き取りも含まれていた。

　特別展の折には、実際に運んだ石とその際の様子とを記録、そして碑の切出し場所まで分かる宮城県志津川町入谷八幡神社のキンマと呼ばれるものがあった。ケヤキ製、長さ3.37mのY字形のソリであり、その時実見することもできた。1910・1930年の使用時の文献とともに石を運んだ際のようすが生々しく伝わっていた。中でも、石の上で一人音頭をとる木遺掛ケ役を果たした人は、そのことを誇りにして孫へと語ったという。こどものときに運んでいるようすを見たという人はおばあさんになっていた。おそらく、この時点を前後する頃に、生々しい聞き込みは最後になりつつあった。

　特別展後の 2003 年に取材でお世話になった志津川町教育委員会の鈴木卓也さんから連絡があった。それは 1967 年に個人から寄贈された岩手県二戸市歴史民俗資料館に収蔵される「マダカソリ」と呼ばれるクリ製の Y 字形のソリである。マダカとは木が枝分かれした部分の方言らしく、現存する長さ118.5cm、幅 50.5cm のものである。1851（嘉永 4 ）年、下斗米大宮神社に三哲塚が建立される際に使われたとされる。三哲塚は長さ 285cm、幅 120cm の石碑である。このソリが仮にその石碑を運ぶことができたとするなら、本来は長さが最低でも 350cm あったことになる。その運搬経路は大宮神社から四方にある蝦夷森西麓の落岳から 600 ｍを移動したという。

　今後もこうした記載のある資料にも注目するとともに、目に見えない形で失われていく伝承も耳にすることがあれば、私なりに覚書を残すつもりである。

　3．展示資料として　出土の 15 年後に中学の教科書から修羅の記載が外れたが、博物館で展示することによってその認知度の命脈は保ったと言える。しかし、その時には民具としての木ゾリは身近な存在ではなくなりはじめていた。実際の使用を肌で感じる体験談は年月の経過とともに風化しつつあった。

　大阪府立近つ飛鳥博物館にある修羅は、本来、石室石材や石棺と関連づけて古墳造営のコーナーである上のフロアーから、そして全貌が窺え、そして同じフロアーからも観察できるように空きスペースを展示ケースの前に設けていた。そこに今、蔀屋北遺跡の「人工物を伴わない馬」が展示される。決して眺望がきくとは言えない。

　今、新たなワークショップとしての「修羅曳き」は継続性を見せようとして活躍する。記憶に生々しく遺るものは失われ、伝承、伝達されるはずの重要文化財は、博物館内に置き忘れられようとしているかもしれない。しかし、やはり私は今後とも Y 字形をした木ゾリのことは気にかけていきたい。

　・・・『修羅』という考古資料はどこにあるのですか。

中央集中する古墳関係資料の展示と現地主体のサイトミュージアムの展開

　そもそも、日本における本格的な展示は、1867 年、徳川幕府のパリ万国博覧会の参加からはじまる。その出品物を保存する考え方はなく、肉筆浮世絵などの物産品を主として現地で売却された。

計画的な展示は、1873年のウィーン出品のために、1871年に文部省に博物局をおいて1872年に「文部省博物館」の名で東京都湯島聖堂内の大正殿で行った博覧会である。太政官布告によって古器旧物の採集品の陳列に力が入れられ、考古資料としては、志賀島の金印、雷斧、銅鐸、銅矛、鏡、勾玉、管玉、金環、古瓦、古銭などがあった。外圧による日本の立場を意識し、対外的にアピールするための陳列であったが、未だに日本はこの勧業、物産、観光を主とした体質から抜け切れず、宝物・御物の御開陳という姿勢からも開放されていない。1873年には東京都上野の徳川家の墳墓のある寛永寺本坊跡地に博物館建設が建議された。1881年には、コンドルにより設計・施工、1882年に第2回内国勧業博覧会美術館に使われた建物に移転した。こうした諸施設で、勾玉、管玉、鏡、金環といった古墳関係の古器物が陳列、購入された（三木1973）。

　今、東京国立博物館にある銀象嵌銘のある鉄刀を含む熊本県江田船山古墳の一括資料は、1873年に掘り出されたものである。県庁に差し出され、次に大蔵省、その指示により博覧会事務局へ提出された。掘削の半年後に、一括遺物として総額金80円で買い上げられた（本村1991）。一方、1876年の「遺失物取扱規則」、さらに遺失物法の適用をうけるようになった考古資料は、当初、陵墓に関係する可能性のある墳墓の出土品に関心がもたれた。その手続きは、まず地方行政府から宮内庁に報告。重要度の高いものは宮内庁、次に、東京国立博物館で購入した。それにもれる他のものは府県から警察をへて発見者・土地所有者に返却された。

　内務省時代、1879年の博物館分類で、考証物品を引きついだ第5部史伝部第4区に「古墳其他各地ヨリ掘出セル埋蔵物或ハ故人ノ遺物ノ数箇牽連セル者ノ類」とある（三木1973）。結局、本格的に古墳関係を意識した陳列は、1956年に表慶館で考古資料が展示されるまでまたねばならない。この表慶館は、明治以降の美術の陳列を目的として1908年に竣工・献納されたものである。しかし、1954年にフランスから返還された松方コレクションの受入施設として閉館。1956年の開館を機に考古資料の陳列館としたもので計画的でない。そもそも東京国立博物館本館自体は日本美術品陳列館として体系化をめざし、表慶館の考古資料展示はそこから逸脱する性格をもち、法隆寺宝物館とともに例外措置であったようだ。

　遅々として進まない古墳資料の本格展示であった。一方、朝鮮半島では1910年の日韓併合の翌年に、本土宮内大臣の管理下におかれて李王家博物館本館が建設された。そこでは、1913年には江西郡三墓里・龍岡郡梅山里などの高句麗古墳壁画もあつかわれた。むしろ日本国内でなく朝鮮半島において墳墓資料の展示が充実していく（広瀬2010）。そこで展開された調査報告書や展示目録、キャプション、パネル、絵はがきなどを含めた展示実践は、むしろ後の日本の古墳関連展示に影響をあたえた。

　東京国立博物館では1999年に新しく、徳川家光・家綱・綱吉の霊殿に関連した土壇・堀跡に平成館が建てられ、そこに古墳関係資料は「日本の考古資料の常設展示室」として移設された。考古資料の取り扱いはやはり日本美術の体系的展示の延長線上にあり、一点一点の実物を観覧しやすく整然と並べることを目的としたものであった。

　対して、1982年に開館した千葉県佐倉市にある国立歴史民俗博物館は単なる陳列でなく、日本歴史を紐解くことを目的として計画された。そのときには、表慶館にあった考古資料を受けつぐべく展示設計されたようだが、建設半ばで、東京国立博物館にある考古資料の移管展示が難しくなった。そこで展示資料の収集は日本史を説明する展示ストーリーを優先させ、それに付随したレプリカと復原模型を駆使し、一般概説書のページをめくるように資料が配列された。

　ここでの古墳展示は最近リニューアルされたが、当初のものは、まず主動線として、前期古墳を代表する奈良県箸墓古墳、銅鏡、その動線からそれて、副動線としてトピック的、コラム的に古墳時代を特徴づける神社祭祀の原点、沖ノ島の奉納品が並べられた。古墳展示の特徴として、竪穴式石室内の割竹式木棺に人が葬られていることを示すために足を付けるという演出があった。箸墓古墳の墳丘模型は現在の木に覆われた墳丘と築造当初の石で覆われたものが比較できるように主軸線上で左右に二分してふり分けて表現されたこともまた話題となった。つづいて展示される観音山古墳は従来からの模型墳丘のどの部分に埋葬部である横穴式石室があるかの説明に力点が置かれる。前方部前庭の盾や人物埴輪群像、前方部の馬の列、墳頂部の家など、埴輪が発掘所見について忠実にならぶ。さて、沖ノ島は現状立体模型が2種ある。上から見ることがで

きるミニチュアの沖津宮とその背後にある巨石群の岩上祭祀の 21 号遺跡、臨場感のある実物大の半岩陰に遺物を配列した 5 号遺跡である（石井 1997）。

1970 年の日本万国博覧会以降に育った歴史民俗博物館の展示は、レプリカと模型を多用したが、作成したレプリカを実物と同じように展示したため、実物の代役というニセモノ感、二次的な扱いということはぬぐいきれず、それらの特性を生かし切れなかったことが惜しまれる。

2007 年開館の兵庫県考古博物館では雲部車塚古墳の竪穴式石室壁面に刀剣を貼りつけて調査当時を記録した絵図の出土状況の再現、のぞき込める石棺や乗り込める準構造船、頭上を飛び交う矢の空中展示など、多彩にレプリカや模造品、模型を組み合わせて古墳時代資料におおいに演じさせている。

考古資料の展示は出土品を現地から切り離されたものが対象となる。日本の 1 ヶ所にその主だったものを集めて比較するための展示という役割が強調されたときがあった。その一方で、日本が国家的に遺跡を現地で整備して見せようとしたものが風土記の丘事業である。その第 1 号は 1966 年の古墳の墳丘を中心に見せた宮崎県特別史跡西都原古墳群である。1968 年宮崎県立博物館分館西都原資料館、1971 年宮崎県立総合博物館分館西都原資料館。1995 年度から「大規模遺跡総合整備事業（古代ロマン再生事業）」。1997 年度からは「地方拠点史跡等総合整備事業（歴史ロマン再生事業）」として再編して再整備。1997 年西都原古代生活体験館。2004 年には、宮崎県立西都原考古博物資料館が開館。史跡の群的な墳丘復元、横穴・石室覆屋展示、サイト・ミュージアム、体験館などの野外・屋内といった考え得る限りの充実した構成である。古墳の展示・活用事例を総合したものとしては日本国内では最大であろう。

古墳・遺跡の現地保存と遺構発掘調査からくる古墳時代の展示素材の生成

この西都原古墳群にかかる一連の流れはそれ以前の国家的なアイデンティティーが引き金となって、今も引き継がれているようでならない。というのは、古墳群の一連の調査は、皇紀 2600 年、天孫降臨の「皇祖発祥ノ霊地」の帝国的調査の矢面に立ったところからはじまる。1911 年から西都原史蹟研究所の設置構想や、翌（大正元）年からの 6 年間、当時の宮崎県知事の有吉忠一の提唱で、宮内庁・東京帝室博物館と東京・京都両帝国大学が担当しておこなわれ

た。この大正時代のものは、第二次世界大戦前ではめずらしく計画的な発掘であった。それは御物、宝物といった注目点ではなく、大地に根を生やした伝説の証しを得ることであり、遺構論を全面にかかげた画期的なものであった。その後の民間の顕彰機運からはじまった「史蹟名勝天然紀念物保存法」の 1919 年の制定も手伝った。

　黒板勝美は、史蹟遺物の保存方法について古墳の発掘と風教による現状保存、実用のため復旧修繕しての復旧保存、現状保存ができない場合の模型保存、史蹟遺物保存の本義に反する表彰保存、差別なく根本的な台帳法を実行するための記録保存の 4 つをあげた。このうち、模型保存は博物館に陳列するのが前提であり、前 2 者を補う。保存事業は博物館の設立に伴い、史蹟の一部と遺物はその旧地で陳列されるべきであると説いた（黒板 1912）。

　ところで、西都原古墳群の調査の際の出土船形埴輪などは、結果として、現在の東京国立博物館の目玉展示品の 1 つとなった。展示としては、出土場所からはるかに離れたところで埴輪を単体で見せるだけであるが、出土状況から埴輪を群として見出して配列を求めた調査意識としては最も早い。しかし、同様な意識ですぐに続くのは、1929 年に群馬県保渡田八幡塚・赤堀茶臼山といった古墳くらいである。後者は家形埴輪を中心として古墳墳頂部に配列されたイメージでの展示が試みられた。

　展示に付随するのは目録の印刷物やキャプション、パネルといった二次元的な解説である。その認識ばかりでなく、1930 年代に浜田耕作はヨーロッパの考古学研究法をもち帰るなかで、ビジュアルにギリシャ・パルテノン神殿、朝鮮半島西北のドルメン古墳と称する支石墓などを石膏模型にし、立体的にその形を伝える努力をした。日本国内の模型としては、宮内庁の墳丘測量図をもとに天皇陵古墳の等高線を表現した立体物が多い。浜田耕作指導のもとの模型製作仕様を知ることができる例がある。1 つは、梅原末治・小林行雄が 1936 年に製作にかかわった 1000 分の 1 の大阪府履中陵古墳である。これは木枠のなかに等高線の板を貼り合わせ、彩色したもので、当時の田畑がカラフルに描かれる（小林 2010）。他に、末永雅雄が製作した大阪府仁徳陵古墳や推古陵古墳の墳丘模型がある（吉村 2012）。

　こうした現況を表現する模型の他に、発掘調査にもとづいて、古墳の内部と

墳丘復元案を示した 1937 年ごろに製作された奈良県石舞台古墳の 1 ／ 200
縮尺のものがある。案では、横穴式石室の上に上円下方墳もしくは方墳の封
土をかぶせるという選択肢を示す。この墳丘模型は報告書の写真図版に収め
られる。墳丘に加えて、分解できる 1 ／ 40 の横穴式石室模型もある（小林
2010）。石舞台古墳の第 2 回の調査の際には、それに先立ち、宮内庁から用明、
推古、天智天皇陵の実測図を取りよせ、模型製作して墳丘本体だけでなく周囲
の外堤を復元想定した。

　また、石室模型は 1947 年以降になるが、小林行雄製作で紫金山古墳の 10
分の 1 の竪穴式石室模型がつくられる。天井石がはずれるようになっている
他、副葬品の銅鏡に模型製作当時の五十銭硬貨を利用するなどして、工夫をこ
らしてつくり込まれる。一種の立体調査報告物であり、黒板の模型保存の意図
とは異なる。特に、調査担当者の手づくりは二次元の実測図では読み取りにく
い三次元の細部の所見情報や調査で得た所見のイメージもよく伝わる。出土品
の方は、三角縁神獣鏡など、主だった副葬品の実物大の石膏製レプリカが製作
され、現地に遺される。現物は京都大学に報告書作成のためにもちこまれたが、
その前に「経塚古墳」として、大阪府立中之島図書館の一室で展示された。

　石膏でのレプリカは、1916 年に奈良県日葉酢媛陵古墳の後円部埋葬施設が
暴かれたときに出土した銅鏡、石製品などの副葬品について、製作したものが
有名である（徳田 2009）。その後、宮内庁書陵部によって、石膏から樹脂製
に置きかえたものもある。宮内庁はレプリカを製作することに 2 点の理由をあ
げる。出土例が少ないか特徴をもつものが、博物館等から出品要請あった際に
こたえること、展示貸し出しによる環境変化が原資料の保存面で障害があると
考えられる対外的な要因が 1 つ目である。もう 1 つは、原資料が不可抗力の
災害によって失われた場合の形状を残す代替品といった不可知な要因である。

　ところで石舞台古墳の発掘調査では、模型以外に発掘調査の動画記録映像も
つくった。京都帝国大学文学部考古学教室の製作で、主に襴津正志によって撮
影された。26 分、16mm モノクロの仕上がりである。古墳の検出状況だけで
なく、石室内の掘削やそれに伴うトロッコの使用、平板測量のようすなど調査
作業、調査の一般公開状況も含まれる（京大 2009）。

　さて、発掘調査から派生する作業は報告書や模型、映像だけではない。石舞

台古墳の調査を現地担当した末永雅雄は、鉄板から甲冑の鉄製模造品を製作した。もともと学術的な製作シミュレーションを目的としたが、小札の縅しなど、その方法を示す立体的な表現法であり、イメージが理解しやすい形で現れた。大正時代末は、錆びた破片の鉄器は研究材料としては据え置かれることが多かった。まず、末永は1920年から厚紙で甲冑復原を試みた。それには飽きたらずに質感を出すために、鉄工所とともに実際の鉄板で甲冑をつくった（写真6）。その製作物は甲冑とその装具の附装、小札横綴・縅 手法、復原品の馬面仮装などにおよんだ。形状・寸法は近づくことができたが、重さは倍になることがつねであったようだ。これは今も変わらない。不純物の多い粘りのある、鍛錬も多方向の古墳時代の鉄素材についての特性がその軽量性をもち合わせていたのだろう。このことは末永も承知はしていた。今ではこれらは関西大学博物館の展示品となる。

　ただし、この当時の復原品の製作姿勢はまだまだ贋作と変わらず、化学的な樹脂でなく、同じような材質での再現性が求められた。雲部車塚古墳出土品の大半は1896年の発掘後に石室に埋め戻されたようだが、その際に京都大学に残った模造複製品に衝角付冑の変形品が含まれていた。その中には奇妙な瘤状突起が取りつけられたが、末永はその系統の一変形であることに何らの疑義をはさむことができないとした。結果的に贋作は見抜けなかった。今、大学に遺物の実物大の絵図とともに複製模造品が残され、材質・形状とともに破損部や錆の状況までまねられる（山中1997）。現在は類するものを製作するとき、現物と混同する事故を防ぐために、現在でなければ手に入らない材質をはめ込んだり、あえて両面を復元しない形をつくるといった工夫が凝らされる。

　すでに朝鮮半島の慶州古蹟保存会が活動した時期に、パネル、キャプションといった説明坂関係が設置されたが、それは顕彰的なものであった。ただし、海外でのこうした博物館の展示手法や本格的な発掘調査の進行に伴って、古墳資料の意味を伝えようとする意思につながった。二次元展示解説だけでなく、レプリカや模造品、模型、動画映像なども調査と連動した形で、遺跡を紹介する方法として、黒板が示した報告書、整備、解説、模型だけでなく、さまざまなものが加わった。

写真 6　末永雅雄の鉄横矢引板革綴・小札草摺の推定復原短甲

第4章 ● 自然災害に向かう資料保存

北米西岸沿い博物館の地震対策

　アメリカ合衆国の西岸沿いには、世界第一級の大活断層であるサンアンドレアス断層がある。1857年フォートテホン地震（M7.8）、1906年のサンフランシスコ地震（M7.0）、1989年のノマプリエタ地震（M7.0）をはじめ、大規模な地震が頻繁に起こる。2度の大きな地震を経験し、未だその傷跡が残っていたサンフランシスコのカルフォルニア科学アカデミー自然史博物館をはじめ、多くの博物館について、1995年の阪神・淡路大震災のすぐ後の秋に私が訪れたときに國井恵子さんとともに練った記録をここでは紹介し、コメントする。

　今では古くなる事例もあるが、旧設備のままや抜本的な対策を講じることができない博物館や日常的な予防、薬剤だけにたよらないIPM（総合的害虫対策）、電力だけにたよらない空調など、身のまわりのことでの改善の工夫を考える博物館には、災害に対する基本姿勢とおなじような考え方や発想にからめて多くのヒントとアイデアを提示できるのではと考える。

　1．カルフォルニア科学アカデミー自然史博物館（California Academy of Sciences）　サンフランシスコの東部、世界最大規模の人工公園ゴールデンゲート・パークの森林の中にある博物館である。自然界を調査・探求し、説明するために1853年に建設された。2008年には大がかりにリノベーションされたが、ここでは以前に訪問したときのものを紹介する。そのときの館はカルフォルニアの自然史を中心として博物館、水族館、プラネタリウム、調査研究に大きく分かれる。1903年にスタッフが入るまでは、ボランティアによって運営され、現在でも大型のジオラマなどはボランティアの手によるもので、修復についてもそのメンバーが集められた。

　この博物館では、館独自の考え方で建物がM8.5まで耐えるように順次、展示計画とも合わせ強化される。具体的には地下を掘り直し、コンクリートで基

礎補強するとともに床を強化する。ケースの間などには鉄骨補強した柱を設ける。そのため、柱の部分は展示室内に張り出すものの、ケースそのものは展示ブース化された効果をもたらしている。博物館にガラスは付きものだが、ここではラミネート膜によって飛散防止を、また、演示壁は10%のセメントに土を混ぜて剥落を防ぐ対策をとる。

　全体的に地震による館の被害は少ないというが、それでも未だ被災時の状況を残す部屋もある。ただ、その展示室やケース、展示物そのものに歴史的、資料的価値が減じておらず、新たな展示プランニングに苦慮しているようだ。

　展示に対しては、大型展示品の吊り展示に対して吊りもとを複数設け、金具を垂直に打たずに水平に打ち込み、揺れに対する直接落下対策をとる。また、展示物はミュージアムワックスで留められる。特別展では仕切りパネルを使用するが、このパネルも耐震を考えて、厚さ18in、L型、クランクにしてパネル自身が自立するように設計される。地震そのものの展示としては体験型が取り入れられ、床を揺らすドキュメンタリー映像が映しだされる。

　収蔵庫もまた、棚と建物との固定、飛び出し落下防止の横木を設置する。館全体では何よりもまして地震に対して人命避難が優先される。

　2．J．ポール・ゲティ博物館（J. Paul Getty Museum）　ロサンゼルスにあるこの博物館においても人命の尊重はおなじである。避難訓練が入館者をまじえて年に1度、おこなわれる。そしてさらに、膨大な量の自然災害に対する各部門別の対策マニュアルが用意される。それには災害予備から被災後の対応、処置、担当責任者まで事細かに明確に記される。

　この博物館は、今はゲティ・ヴィラとゲティ・センターがあるが、訪問したのは古い方のゲティ・ヴィラのみが存在したときである。ロサンゼルスの北西、サンタモニカをぬけ、海岸沿いのフリーウェイを山手に少しはいったところにある。博物館の建物はイタリア・ナポリの79年にヴェスヴィオ火山の噴火によって埋没したエルコラーノ遺跡にある古代ローマ様式の邸宅を再現したパピルス荘（ビラ・ディ・パピリ、Villa dei Papiri）である。柱列に囲まれた中庭にはプールがある。その後別に、1997年にリチャード・メイアー設計でオープンしたのがゲティ・センターである。ゲティ・ヴィラの方は1974年にゲティのコレクションが公開されたことからはじまる。展示品は古代ギリシャ・ロー

マのものが中心であるが、絵画、装飾美術品も豊かである。

　展示品にはらう地震の注意は入念である。被害の大きい地震を想定し、油圧式の実験装置で地震時のシミュレーションをして、対策を練る。地震に対する思想、概念、設計までを館のスタッフがおこない、実施を日本の業者に委ねている。4人が10年がかりで作業をする。そして、これらの他に材料費、諸々の諸経費がのる。それでも、高価な作品に比べればはるかに安いという。ここでは展示品各々によって、地震に対する対応策は細かに異なる。彫刻などの高さのあるものは、像の真ん中に40mm径のワイヤーを入れ下の台に固定。台自体はベアリング、スプリングなどでもって、揺れと衝撃を吸収し、建物の揺れとの切り放しをはかる。また、パットを敷き、重心を下においた石製の展示台をおくものである。この際、台の上におく展示品とのバランスが問題になるが、この館は展示品そのものや台とあわせた重心の確定の方法をも示す。

　壺のような展示品は壺の頸に細い糸をまき、壁に固定した据え付け具とつなぐ。また、壁などのフレームを使わないときは壺の足にフィットしたクリップでとめ、そこから壺の体部にあわせ折り曲げて目立たなくしたフレームを上にのばす。それと頸のあたりでまいた細い糸と結び固定。そして、壺本体は重心を下に持ってくるために中に垂りを入れる。こうしたことはテグスだけに頼らないしっかりした固定の方法であり、複数のテグスが錯綜するといった美観を損なうようなことは最小限に押さえられる。また、紐が頸に架けられるためズレもない。吊り式の額装の絵画は背面にパットをあて、壁とのショックをやわらげる工夫がある。

　このように、展示品それぞれに見合った揺れ、転落、倒壊防止策を数多く展開する。

　3．ロサンゼルス・カウンティー美術館（Los Angeles County Museum of Art）　ハリウッド方面にあるロサンゼルス・カウンティー美術館は市街地の一角を占めている。5つの建物からなる複合美術館として1965年に開館。世界各国の美術品、1900年以降の州の美術品や写真などを展示。そして特別展示もする。

　この博物館は地震の準備に関して、常に各部局の担当が細かい注意をおこたらないことで、95％が回避できるとする。対策として資料そのものが安定し

て動いてくれるものはそのままでよい。そうでない場合は、それぞれの資料のもつ地震災害に伴うリスクを検討する必要があるという。その検討は、保存、学芸、保安・警備の各部門が相互でおこなう。そして、資料の取り扱いは展示か収納かで大きく変わる。つまり、収納は収蔵対策を取り、納めてしまえば済む。しかし、展示品となるとそうはいかない。様々な問題が付帯する。

　問題は大きくみて、1，展示品そのものの重心。2，展示台の形状、重量。3，演示具などの美観がある。1に対しては、展示品そのものの重心が普通、上方にある。台に展示品をおき、シェイク・テーブルと呼ばれるプラスチックの板を揺らし、シュミレーションしてみる。揺れが大きい。次に展示品であるコップの中に垂りを入れてみる。揺れは少なくなったが倒れる危険性がある。さらに、コップの体部背後にコップの輪郭を合わせた金具を台に固定したフレームとつなぎ、台とコップを一体にして固定。そして、台とコップの間はワックスでとめる（ワックスの寿命は意外と短いので、展示品への付着に注意する必要がある）。一気に安定する。2は台を重くするとともにボルトで固定する。1・2ともにフレームにする金具、ボルト、L字金具、ワイヤーなどが伴ってくるが、見学者にこうした対策のかたちの変化は見せるべきでなく、取付け位置や台の形状、色調など全体の展示計画の中で考えるとともに、総じて3の美観と移動性を考慮しなければならないとする。このように不安定なものには入念な

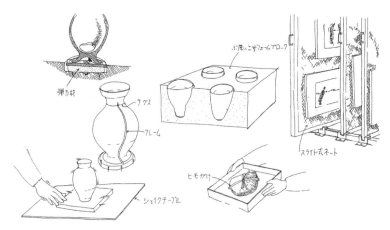

図6　ロサンゼルス・カウンティー美術館の地震対策

展示計画が必要なのだ。収蔵庫では3に関する問題に関係なくあらゆる措置を講ずることができ、資料の安全目的にしたがって制限はない（図6）。

　この館でも棚と建物との固定を行う。彫像などはベルトで徹底的に固定。絵画収蔵室は部屋全体がシステムラック状になっており、ネット板の各々がスライドして簡単に引き出せる。絵画はそのネット板に完全に固定されるのである。また、小型品の収納用パッケージは収納する資料のかたちに割り抜いたクッション材が備え付けられ、資料各々とパッケージとの揺れによる緩衝を防いでいる。ただ気になるのは、クッション材があまりに密着するために資料表面をその材質そのものが害を与えないかということである（クッション材も寿命が短い）。固定するだけであればカナダのロイヤル・ブリティッシュ・コロンビア博物館（Royal Columbia Museum）のような板に取付けられた紐によって資料を固定することでも十分であろう。それらを収納する棚には飛び出し防止のベルトなどが例によって付けられているが、パッケージそのものが飛び出した場合はとの質問には「その時には建物そのもののダメージがまず問題」という答えであった。ちなみに、1995年、阪神・淡路大震災で被災した神戸市立博物館の場合は木の棚に収納した木箱は互いの摩擦力で飛び出さずに最も被害が少なかった。

ロサンゼルス・カウンティー博物館の地震対策の基本姿勢

　さて、こうしたロサンゼルス・カウンティー博物館の地震対策はどの範囲で行っているのか。その基本姿勢は、訪問した博物館の中で、この館がもっともすぐに実践に移すことのできるものを提示するところが少なくない。

　1. 常識の範囲の積み上げが対策につながる。この際、非合理的な対策は損傷を大きくしかねない。特に大きなものほどダメージが大きい。（これに対して私は日本で大型品でもテグスだけで固定しているが、それは美観を損なうだけで効果があるのか疑問を感じる）。

　2. 展示品の据え付けには、地震を想定してデザイン、対処法を決定する。（日本の場合、全体の展示設計を行ったあと実際の展示資料をより効果的に美観を損なわずにデザインが検討されることが少ない。これは工事後の時間と割り当てられる残り経費の少なさに負うところが大きい。要するにかたちだけできれ

ばよいという発想が多い。展示の竣工、納品が終わればメンテナンスはつづかない。また、学芸員そのものに、見学者が見やすいかどうかという発想と注意があまりなく演示具のデザイン検討にまで至らないこともある)。

　3．基本的には展示品とベースとの隔離が必要である。演示具などは日本の会社に委ねている。(どこまで館のポリシーがつらぬけるか。建物、展示ケース、展示台ともあわせて展示方法の考え方を示すことができるか。阪神・淡路大震災では箱を下方に傾けたように壁ケースの片隅に展示品が固まって破損していた。頑丈なケースをつくったからといって不安定なものをそのまま置いただけでは安心はできない。この館ではケースの中の展示品をその形状に合わせ、様々な支持具をそれぞれに取付けていた)。

　4．どこまでの対策をとるのかという境界線は難しい。館の事情に合わせる。実際にはロサンゼルス・カウンティー博物館では 95％をワックス固定で済ませており、人件費がほとんどを占める。実質経費がかかるのは彫像など大型品のボルト締めである。また、特別展に伴う地震対策は据付け・梱包・輸送費の中に含まれる。その際も学芸、保存、梱包関係者相互で検討している。(実際ある展示品の揺れ状態の検討をしてみることの必要性、簡便な対処法や美術専用梱包の中に計画的に対策を含めることが可能か。など展示品に関して手短に考えるべきことはまだまだある)。

　訪れたさまざまな博物館は建物の立地が異なっていた。それは建物自体が周囲と切り放されていることでもあった。サンフランシスコ近代美術館（The San Francisco Museum of Modern Art）、ロサンゼルス現代美術館（The Museum of Contemporary Art Los Angeles）は市街地のビル群にあったが、建物としては独立していた。自然災害が起こったときには隣接建物の崩壊の影響、火災発生による延焼、類焼など博物館独自でコントロールできない問題が生じてくる。日本は市街地のなか、ビルのなかにあるものまである。周囲に影響されるものがあまりに多い。一方、J. ポール・ゲティと同様、公園内、山間部の場合でも森林火災の危険性があり、サクラメントの鉄道博物館（California State Railroad Museum）は洪水、浸水に関する危険性をはらんでいる。フランスでは、大雨が続きパリを流れるセーヌ川が増水し洪水のおそれが 2016・2018 年とたびたび起こり、川岸に近いルーブル美術館やオ

ルセー美術館が収蔵品を上階に移す作業をした。東日本大震災の津波、阪神間の海沿いの博物館はこのすべての要素を含んでいた。地下室が地震の噴砂とともに水没や周辺住民の緊急避難場所としての館の提供と利用があった。こうした周辺環境も配慮されなければならない。特にこの点を重視するファシリティー・レポートが見受けられる（p.48）。

　訪問したほとんどが建物自体の強度を気にかけていた。地震に対する直接的な対応策は、まずは建物自体の揺れを最小限にとどめるということである。こうした条件の上での展示となろう。災害の避難訓練が行われている館がある。訓練をおこなわずとも火災訓練とは異なる部分の根本的な問題把握が最低限必要であろう。それにともなう避難経路なども災害種類に合わせ入念に検討されるべきである。

　展示品の対策について、J. ポール・ゲティ博物館は、展示品そのものに多大な価値がある。その価値に対して展示品を守るためには地震対策のための努力は惜しくないのだと、説明する。館が裕福だからとも思った。しかし、地震に対して問題意識を持っている博物館はロサンゼルス・カウンティー博物館のように何らかのかたちでアイデアをしぼりだし、その館なりの努力を惜しんではいない。それは建物そのものもそうであり、周りの環境そのものもそうだ。博物館に勤めるものは、それだけ価値のある空間そのもので生きていると自覚しよう。つまり、空気のような何気ない空間は時に必要ないと感じてしまうかも知れない。しかし、それは人間が生きていくためには完全に必要とするものであり、資料についてもそれぞれ個々のもつ大きな価値を認識し、保護する環境を整えていく姿勢をそのなかに感じた。

北米西海岸沿い博物館の教育に関する動向（　）内：筆者

　1995 年に訪れた博物館の重要な環境、地域社会への働きかけとして、教育および博物館の普及活動がある。北米西海岸の教育に関する動きの覚え書きをしておく必要性を感じた。ここでは館名については具体的に指摘せず、考え方を中心に列記、付記する。

　「本を読むために博物館に来たのではない」とは、どの博物館でも共通した考え方だ。ではどうするか？展示品に触れるという（実際に展示品にさわると

いう意味ではない。念のため。日本では勘違いする人が多すぎる）。ただし、アメリカ合衆国でもリーフレットにわざわざマナー、芸術鑑賞の仕方、理解の仕方を明記するところが散見される。これが博物館教育の第一歩かもしれない。

展示からの教育としては、全体に「直接的な教育から体験型ハンズ・オンへ」と移行している。しかし、展示がコレクションから必ずしも抜け出してはいない。「博物館が一般に与える教育ははじまったばかり」とする。見る博物館という意味では成功しているが、教育という側面ではまだまだ。体験型の装置を多く設けることでテーマ、展示品などに介在するプロセスを知り、学ぶことをめざす。

科学者（研究者）は何をするのか。「展示品から考えるプロセス、やり方を教える」。本来的に教育しようとすれば、実際に資料、装置が横にないと分かりづらいものが多い。学校という場では得られにくい。空間と情報が博物館では用意されているのである。コンピュータからのいろいろな情報はインターネットで来館者が引き出す。ここでは使い方ではなく、それら情報の集め方を学ぶのである。このころは、インターネットの普及はeメールくらいであり、ホームページはめずらしかった。

「展示のすべてをすぐ理解することは望まない」（整理し、用意され、頭の中でわかったような気がする。暗記だけのテキストは学校の教科書だけで充分だ）。疑問を感じること、分かろうとすることが重要と考える博物館は多い。質問に重点を置くやり方。解説を中学レベルにおく博物館は多いが、それであれば博物館にきて馬鹿にされた気がするであろうとする博物館もある（一個の人間として知的好奇心を喚起させ、理解しようとするのは年齢、知識に関係ない。豊富な展示品や情報の何かに反応するといった面でも、学校と博物館の役割の違いを示す）。

こうした学校との場の違いという観点から、さまざまな手法で教育機関へ呼びかける博物館は少なくない。たとえば、「学校に行けない、行かない人の場として」博物館がある。教師、ボランティアを教育する。校長との会議。授業で利用（日本の場合、多くが校外学習）。学校にない授業のための教材を求めて、教師が独自に博物館で授業を行う（日本では大学のゼミではあり得るが、小・中・高ではまだまだ難しい）。高校生に学校での単位をあたえる。教員のガイ

ド作成（これは多種多様だ）。教師になる人間に対して博物館の利用方法の授業をする。逆に、博物館が学校に行って教育する。

　「教師のためのプログラムはかなり用意される」が、そればかりでなく、広く一般のあらゆる対象、ニーズに向けて、メディア分け、階層分け、手法分けしたプログラムもまた用意されている。

　メディアとして、TV プログラムの作成。劇場公開。インターネット、CD、教材、書籍など。そして、「各対象に分かれたプログラム群」（低年齢層、生徒、ボーイ・ガールスカウト、家族、社会人、組織、ボランティア、教育者、研究関係など）。手法としてボランティアを含むリーダーが本を読む。学生、市民、企業と特別展示をする。小学生と家族のためのゲームボックス（教材をパッケージに入れ、ゲームをし、商品が出る）。ポケットサイエンス（ポケットから小道具をとりだして教える）。作業。実験。野外活動など。ボランティア、アルバイトに対してトレーニングを通じ、展示の解説、実演してもらう。また、ボランティアそのものが運営してきた博物館や職員と全く同じプログラムで動く博物館もある。

　列記したが、訪問した多くの博物館側が膨大な質量の教育の呼びかけをし、「集まってくる人の多くのニーズに応えようとする」。これらは主に博物館の建設ではなく、運営面に関わってくることがらである。施設面で見えにくいところであるが、これらを博物館の活動や運営の核としてとらえていくときに、多くのヒントがあろう。これから、継続を気にせず、いろいろな試みを多種多様な角度でもって事業を展開してみることに大きな意義を感じる。

IMP と東日本大震災－予防的保存と緊急措置

　今まで、臭化メチル製剤で博物館に収蔵するものの害虫を燻蒸してきた。それはオゾン層破壊物質であることからモントリオール議定書締約国会議で全廃、2005 年から酸化エチレン製剤、二酸化炭素処理などが代替措置である。

　こうした薬剤使用についてはこれより早くIPM(Integrated Pest Management：総合的有害生物管理、総合的害虫管理)が提唱されていた。それは 1965 年、国連食糧農業機関（FAO）において農薬の弊害をかんがみて、「あらゆる適切な防除手段を相互に矛盾しないかたちで使用し、経済的被害を生じるレベル以下

に害虫個体群を減少させ、かつその低いレベルに維持するための害虫個体群管理システム」の構築にあった。今や大量の化学薬品にたよらない害虫防除については、複数の防除法の合理的統合、経済的被害許容水準、害虫個体群のシステム管理を行うのが基本姿勢となる。生物被害の管理プログラムは 1. 回避、2. 遮断、3. 発見、4. 対処、5. 復帰とされる（東文研 2011）。

　同様に博物館でも同じような考え方、なかでも調査・点検を重視する。ただし、経済的被害許容水準は基本姿勢としては受け入れがたいものであるが、まずはそれに近づくためにもさまざまな要因からくる被害を事前に予測して被害を未然に防ぐ予防的保存（Preventive Conservation）が最善の対応策となろう。害虫の発生防止や発生初期の段階で、あらゆる対策を矛盾なく適切にとろうとしている。文化庁は 2002 年の「文化財の生物被害防止に関する日常管理の手引き」において、1，被害歴の集積と整理、2，施設の日常点検と清掃、3，文化財の日常点検、4，文化財の管理体制、5，組織内外での研修、6，専門家を含む外部との協力体制を求める（園田 2004）。

　施設に近づけない、入れない、なかで発生させないである。しかし、特別展などの資料は収蔵庫、展示室に入ってくる。そして、保管元との環境の変化によって室内で発生する事例がみられる。食害、虫糞、カビなどの目視点検はおこたらず、変化があれば速やかな対応がいる。

　ともかく日常的に二重網戸や粘着マットの設置。室内各所でのローチトラップ（粘着）、ライトトラップ（誘導灯）で捕獲状況のモニタリング、点検記録の作成、そのデータにもとづいて環境整備、必要ならあわせて設備改良を設計する。日常はアルコール等の清掃、定期的な虫干し、建造物のシロアリ対策、結露や害虫が発生しにくい空気環境など、清掃は日々の点検の基本形である。

　さて、2011 年の東日本大震災は先の地震被害とともにそれに伴った津波被害、放射能被害があった。面的、空間的に悉皆的なものである。水害・放射能対策が浮き彫りになった。後者はまだまだ見えてこないものであり、立ち入りさえままならないものである。放射能汚染され置かれたままの文化遺産、場の必要な地域コミュニティーのなかの無形遺産など、課題も多い。ここでは水害措置のフローを付記しておく（図 7）。津波は大量の文書が海水の浸る異常な被害を受けた。水浸かりはカビ、バクテリアの生物被害につながる。日高真吾

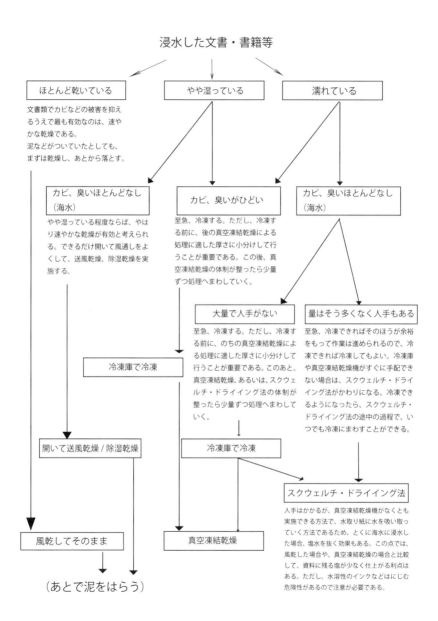

図7　水・海水被害の絵画を含まない紙資料の緊急措置フローチャート

さんは被災した文化財の復興段階を設定する。1，救出、2，一時保管、3，
整理・記録（点数確認）、4，応急措置（さらに悪い状態にしない）、5，保存
修復（専門的）、6，恒久保管（安全に）、7，研究・活用（専門的、展示・公
開）、8，防災（次に備える）である（日高 2015）。

第5章 | 展示開発にあたって

展示評価からの展示開発

　1990年代、近つ飛鳥博物館建設時には、行政的な内部予算、組織、技術・有識者によるチェックが重視された。図8は、展示関係資料収集事業の財政予算的な見直しであるが、ここでは主に事業の進捗性と予算削減が問われる。財政的な焦点はロビー近つ飛鳥模型、仁徳陵古墳模型、吹き抜け鹿谷寺模型である。まだ、火の鳥の世界の文化遺産の合成アニメと仁徳陵古墳築造CGのハイビジョンソフトはまだそのときは問われていない。もちろん1つ1つは財政面だけでなく、利用者の引きつけ、学問的検証といった評価は含まれているが、当時の役所体質の中に守秘意識が強く、関係者以外には決定事項のみが披露される傾向にあった。

　しかし、近つ飛鳥博物館開館年度に起きた阪神・淡路大震災を転機にボランティアの受入が市民権を得た。バブル崩壊も手伝い、体験展示を支えるフロアー・スタッフがそれによって確保されるようになった。文部科学省の総合的学習によって、学校と博物館の連携も加速した。ようやく、日本でも広く公開しながら一般、利用者の評価をうけつつ展示開発される兵庫県立考古博物館が2007年10月に開館した。このとき実質的に資料重視型から利用者重視型に置きかわったと言えよう。

　建設段階では、近つ飛鳥博物館建設にかかげた展示開発に伴う建築工事はもとより資料収集事業及び展示工事の年次「見直し」は、密室ではあるが、そのまま逐次第三者評価をうける項目対象になる（図8）。その第三者は第1章でみたような行政評価が先行していた。また、学芸員意識はプロローグでもみたように研究に没頭し教育的な側面を省みない学芸員とのせめぎ合いでもあった。

　ここであつかう評価は利用者が主体的となる。

　展示企画は一元的になりすぎると、教育的な観点の脱落や評価（evaluation

近つ飛鳥博物館資料収集事業　年次計画の見直しについて

事業名 項目名	3年9月 補正時 計画数量	3年度 実施 数量	4年度 計画 数量	5年度 計画 数量	見直し計画 合計 数量	主な年次計画見直し理由
レプリカ製作	81 件	27 件	14 件	8 件	49 件	
紫金山	37 件	25 件			25 件	○ 民間所有、東京国博、宮内庁の所有資料については、製作調整に半年以上の時間が必要。
修羅底面	1 件	1 件			1 件	
依網写測	1 件	1 件			1 件	
韓国武具	3 件		1 件		1 件	○ 常設展示室内の展示には1点毎に大きさや形に合わせた演示具を展示工事で製作する。近つ飛鳥のレプリカは、大きく形の複雑なものが多いので、少なくとも5年度までに展示資料を揃えて、演示具の製作を行う必要がある。
鳥尾	1 件		1 件		1 件	
木簡・文書	4 件		2 件		2 件	
墨書遺物	7 件					
蓋装等	4 件		3 件		3 件	
弁天山C1遺物	1 件		1 件		1 件	
城山水鳥	3 件		2 件		2 件	
古墳出土遺物	3 件		1 件		1 件	
石repl	3 件		1 件		1 件	
レプリカ一般分 計	72 件	27 件	13 件		40 件	○ 吹抜及びロビー展示のレプリカは、①所有者との調整が比較的容易と考えられる。②演示具製作が不用である。ので、5年度の製作とする。
仁徳陵埴輪	1 件		1 件		1 件	
鹿谷寺石仏	1 件		(1 件)→	1 件	1 件	
人物埴輪頭部	7 件		(7 件)→	7 件	7 件	
レプリカ特別分 計	9 件		1 件	8 件	9 件	
模型製作	28 基		17 基	5 基	22 基	○ 実物やレプリカ等の資料と組み合わせた展示を行う模型、映像等の機器類を組み込んだ模型については、展示工事との調整上、4年度内に製作することが必要。
四天王寺	1 基		1 基		1 基	
服装/歴史	5 基		5 基		5 基	
石室/変遷	10 基		7 基		7 基	
伽山古墳	1 基		1 基		1 基	
城山周濠	1 基		1 基		1 基	
埴輪/配置	4 基		(2 基)	2 基	2 基	○ 仁徳陵古墳模型については、4年度に実施設計委託を行い、5年度1年間で製作する。
水中発掘	1 基		1 基		1 基	
模型一般分 計	23 基		15 基	2 基	17 基	
ロビー模型	2 基		2 基		2 基	○ 単独で展示する模型については、5年度に製作を行う。
仁徳陵	1 基		実施設計	1 基	1 基	
吹抜:鹿谷寺	2 基		(2 基)→	2 基	2 基	
模型特別分 計	5 基		2 基	3 基	5 基	
映像製作	30	4	11	15	30	
シナリオ製作	4 件	4 件			4 件	4年度製作、5年度からの広報活動に使用する。
プロモーションビデオ	1 本		1 本		1 本	4年度製作。製作期間に約1年必要。
聖徳太子シアター	1 件		1 件		1 件	4年度製作。製作期間約8〜10月必要。
常設1 模型	4 件		4 件		4 件	5年度製作。製作期間約4〜5ケ月。
常設2 模型	2 件		(2 件)→	2 件	2 件	5年度製作。製作期間に10月以上必要。
仙翔 AVAM	6 曲		0 曲		6 件	5年度製作。製作期間約3〜6月。
学習ソフト	6 件		(6 件)→	6 件	6 件	5年度製作。展示資料の撮影が必要。
ガイダンスビデオ	1 本			1 本	1 本	5年度製作。
LD盤製作	2 件			2 件	2 件	
映像一般分 計	23	4	8	11	23	
ロビー歴史散策	2 件		(2 件)→	2 件	2 件	4年度製作。新規撮影件数等が多い。
ロビー南河内風景	1 本		1 本		1 本	4年度製作。通年撮影が必要。
仁徳陵ワイドスコープ	1 件			1 件	1 件	5年度製作。
仁徳模型解説	1 件			1 件	1 件	5年度製作。
ミュージアムシアター	2 本		2 本		2 本	4年度製作。製作期間に約1年必要。
映像特別分 計	7		4	3	7	
資料購入	16 件	1 件	2 件	8 件	11 件	○ 4年度は、継続的に購入する中国古代文物と古美術商からの国内資料1件の購入を行い、残りの資料購入購入は、5年度に行う。
海外文物	3 件	1 件	1 件	1 件	3 件	
国内資料	13 件		(3件)→1件	(5件)→7件	8 件	
構造品製作	37 件				37 件	
鉄剣他構造	37 件	37 件			37 件	○ 3年度実施。
資料修復・目録整備						
一須賀鉄器1	542 件	242 件	100 件		342 件	○ 委託先の処理能力に限界があるので、計画通りの年次計画で実施する。
紫金山鉄器	710 件	310 件	400 件		710 件	
南塚鉄器	300 件			300 件	300 件	
大型土器修復	54 件		52 件		52 件	
ISK小土器(成形)	600 点	132 点		268 点	400 点	○ 賃金職員の雇用計画と職員の指導能力から計画通りの年次計画で実施する。
ISK小土器(彩色)			(132)点			
ソノタ小土器(成形)	199 点		170 点		170 点	
ソノタ小土器(彩色)						
ISK土器図面	600 枚	600 枚			600 枚	○ 5年度は、展示解説書、特別展示解説書等多くの印刷物を製作する必要があるので、4年度中に刊行する。
ISK鉄器図面	542 枚	542 枚			542 枚	
ISK遺構図	780 枚		780 枚		780 枚	
紫金山鉄器図	710 枚		710 枚		710 枚	
図面トレース	2,632 枚	1,142 枚	1,490 枚		2,632 枚	
資料目録刊行	3 件	1 件			3 件	
資料カード作成	3,965 枚		3,965 枚		3,965 枚	
目録データ入力	1 件			1 件	1 件	○ 4年度基礎データ製作、5年度入力委託。

図8　博物館建設年次計画の見直しの状況

エバリエーション）の工程が省かれかねない。展示には学術面が生かされることは言うまでもないが、その認知面や安全面を考慮しなければならない。評価については後で詳しく述べる（第7章、図11）。

展示開発の分担者とチームワーク

　日本では長くその博物館の専門性を細分化することで学芸員の役割が分かれていた。たとえば、歴史博物館であれば、原始、古代、中世、近世のように。これが何でもする雑芸員につながる要因であったかも知れない。1990年代から文化庁や国立博物館は欧米の博物館の展示交流などをもとに主要な役割も足並をそろえるようになってきた。

　ブルックリンこどもの博物館の展示開発部長だったポール・ピアソンさんは、1999年に総合的な博物館の展示開発について、日本の博物館関係スタッフと利用者とともに京都でワークショップを行ったが、そのとき次の10の分担をあげた。

　学芸員 curator（収蔵保管資料研究）、資料管理・保存処理者 register・keeper・conservator（展示資料の搬出・維持、公開の基礎）、設計者 designer（視覚・立体・空間を創出）、教育者 educator（展示の提唱）、発案者 founder（基金の寄付、展示の実現、提供者への理解を求める）、利用者 marketers（展示の性格、プロモート、評価、イベントの参加、アイデア、ニーズなど、さまざまな展示の方向性を誘導）、展示製作者 fabricator（ニーズを受けとめる、知識・技術で展示を実現・具体化）、開発者 developer（プロセスを動かし、内容・企画の周知）、資料収集者 collectors（展示を感動に結びつける）、経営者 manager（ものとものとの関係を深める）。

　このなかで、展示開発者が終始、主導権をもちつづけるかどうかが重要なポイントになる。

　分担すれば、互いのつながりが希薄になりがちであるが、ポールさんがあげた展示開発の「チームワークの原則」は以下の事項である。①あらゆるアイデアは有効。②何でも書きとめ、わかりやすく、見えるように提示。③互いの意見を聞く。④自ら情報を与える。⑤時間枠を守る。共通基盤や共通の活動を見出す。⑥違いを認め、論争点が浮上すればそれをつきとめる・・ただし、論争点を探し出すな。⑦楽しむこと。

展示開発ではまず、「利用者が見たいものは何か」を検討することになる。街角に出ていき、展示資料や展示のイメージスケッチなどを見せて反応をみることが初期段階のもっとも重要な作業である。次に、絵コンテ、ストーリーをねっていくが、開発者と使用者ともいかに飽きっぽさを回避するかが焦点となる。そのためには、マーケティングやリサーチは必要不可欠なものであり、人をひきつける接点を見極めて、そのプランについての確信を得て自信をもって企画を遂行するかが、足腰のしっかりした展示を導くことになる。ここまでに至るプロセスは、拡散的・放射的に思考を大きく拡げる気構えがいる（図11、①・②）。

　実質的な作業に移り、資料の収集・製作する。それらを展示空間への落とし込む段階になると、整理・加工・単純抽象・概念化に向かい、その思考範囲はどんどんせばめられていく。ただし、具体的な問題はもっともひんぱんに広い範囲で起こるようになる。そのなかで、前もっての対処や配慮、その後にチェックする基本必要項目は次の6つである。

　品目（ミッション、テーマ）、ストーリー（関連・適切性）、来館者（構成者と情報の集中）、活動（マルチ・エンターテイメント性）、資金供給（予算、サポート・連携）、マーケティングプラン（周知、収益性、利用率）の状況である。

　これらに逐次、一方的でかたよった資料・展示開発をさけるために、評価をうけることになる。また、評価によって方向性をあたえることができる。

展示方法の分類とその構成要素

　博物館の個別の展示資料には、実物、標本、模写、模型、文献、図表、写真、フィルム、レコードなどがある。これらは利用者に供するためのものである。目的に合わせて、いかに分類、保護し、必要なら修復し、演示具などと組み合わせて加工する。展示の実質的な作業は、周辺諸科学の進歩とともに日々さまざまな方法が生まれ、過去のものも含めて、展示に関するアイデアが総合的に加算されていく。

　展示と相異なるものに収蔵と保管がある。これは収納空間が閉鎖的であるため、利用者などによる人的な資料損傷はなく、梱包材で保護し、安定的な空気調整ができる。まずは資料の劣化を防ぐ。そして、火災・地震などの災害に対

して資料の保護環境の配慮に重点がおかれる。もっとも、その災害対策には建築構造で解決できる問題は多い。

　ところが不特定の利用者を対象とする展示となると、収蔵庫のようなわけにはいかない。資料がおかれる環境と目的は千差万別である。さらに、資料に付随する演示具や解説の組合せについても不確定な要素が多く、通りいっぺんではない。つねに、説明者が利用者を陳列棚の前でまちかまえていればよいが、大量の利用者にはあまり人をかけずオートマティックに対応する設定がほとんどである。とともに、複数の説明者が展示意図に沿って質を保って統一がとれた情報を提供することも前提となる。つまり、ふつうは館の使命（ミッション）に沿ったサービス目的にかなう展示ストーリーがまず設定され、それを実現する展示へと加工されていく。資料単体だけでなく付属具を組み合わせるなどいろいろと発想される。今や実物をそのまま陳列することはない。

　1．貸し会場・美術企画展示、創作室　貸し会場的な美術館や特別・企画展示に供する空間などは、空調設備や汎用度の高いフレキシブルな壁面・可動ケース、照明、演示具がシステム的にそろえられる。特に、展示する空気を整え、塵・毀損・盗難を防ぐことを重視し、なおかつ重要文化財などを展示する際には、エアータイト（密閉型）・ケースが多用される。

　博物館と展示の普及理解のために、宮城県美術館のように何も置かない、埃や音を伴う作業部屋とそれをきらう部屋をあわせた創作室を付設させるときもある。

　2．収蔵・保管（標本博物）展示　収蔵・保管、そして閲覧を主にした展示は、地震や運搬の揺れによる転倒・落下といった不慮の事故にそなえて紐やウレタン雌型といった固定具で留め、さらにネットで覆うなどして、棚のなかに整理して陳列される。日本が用いる陶磁器や巻子の箱などはこの原型であろう個別に留め、保護・保管できる（図9）。運搬や移動のときにもこのまま使われる。液浸標本は棚で飛び出さないようにしなければならないが、昆虫や絵画、地図資料をスライド・引き出し式にして閲覧する場合も多い。引き出し美術館である。また、展示意図で分類のみに特化される場合は、説明が分類名のみであるために、その名で観覧をめざす利用者ニーズにあった項目にあわせ、一覧性のよい収納ケースが設けられることになる。絵画、貨幣、動植物標本展示は、趣

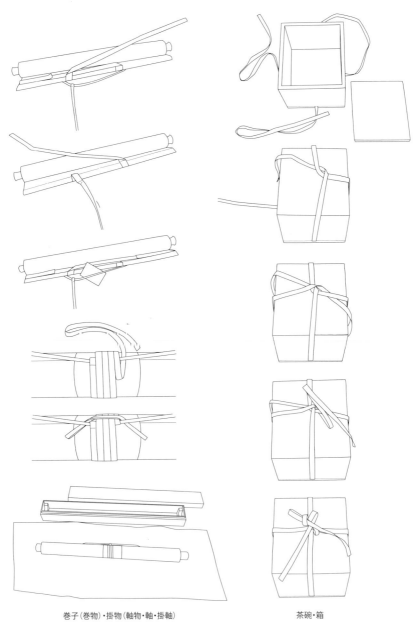

巻子（巻物）・掛物（軸物・軸・掛軸）　　　茶碗・箱

図9　陶磁器や巻子の箱と紐がけの保管と運搬箱例

勢としてこのスタイルになりつつある。ここで求められる記述は展示品の仕様
ホームのようなものになる。

　3．ストーリー展示　上記のような展示は、多くの利用者に見せる恒常的で
多彩な設備を必要としない。ただし、博物館として一定の使命と設立意図があ
り、特に公開と教育に重きをおくなら、その収蔵・陳列物に対して、一定のス
トーリーを設定して、その順にしたがって配列・配置、閲覧できるようにする。
そのためストーリーにそって、資料を並べてそれに伴った説明や解説を逐次行
う必要がでてくる。展示情報の一元化を徹底するにはストーリー内容にそった
キャプション記述の統一や必要ならそれがより理解できるパネルや映像などの
補助装置を設けることになる。

　4．展示室の空間構成　展示空間を構成配置するにはいろいろな手法や方法
が生みだされる。

　鑑賞しやすく一定の間隔をおき、必要なら360°からの鑑賞スペースを設け
る（島配置）。同じような大きさの部屋を連続させてつぶさに展示品の閲覧順
序を導き、もとの位置に戻ってくる構成をとる（回廊型）。メイン展示の部屋
にサブ展示をぶら下げる（歴博型：千葉県国立歴史民俗博物館例）。一定の大
きな空間は展示のレイアウトや構成に変化をあたえることができる（体育館
型）。体育館型は配置に自由度が高い。メインの動線とサブの動線を交差させ
て説明、もしくはタテ糸とヨコ糸の関連動線をとる（構造展示・民博型：大阪
府国立民族学博物館例）。動線は、強制・オープン・放射・ランダムパターン
など、それぞれに設定できる。

　5．展示ブースの配置　全体として、展示は多層、多角的に空間を区切り、
それら相互が関連するように演出することになる。壁伝いに連続する（壁展
示）。壁がフレキシブルなシステムラックになっている（システム展示・民博
型）。それが絵本のページをめくるように、垂直・二次元的に説明する（北欧型）、
水平・ドラマテックに音やにおい、光をともなった立体感をもたせる（ジオラ
マ型）。大型展示物を展示室中央に独立させてホットスポット感、サイトライ
ンをつくる（島型）各シーンがある。

　6．展示資料及び群による表現　展示手法については、ふつうは博物標本の
実物資料をメインとしていた。しかし、資料自体に手を加え、展示の意図をよ

り強調させるさまざまな手法が日本では 1970 年大阪万国博覧会の影響などを
うけて、1980 年以降、活発になる。

　実物資料の欠落に左右されることなくストーリーの貫徹性を高めるために、
レプリカを多く用いる手法（歴博・弥生文化型レプリカ展示）。レプリカ・模
造品・模型・映像をメインにして現物資料を付属させて組み合わせる（近つ飛
鳥型）手法がある。

　動植物資料について、その生育環境を見せるために、資料を組合せて、箱庭
的に再現する（生態展示）。部屋やボックスなど一定の空間に閉じ込めて臨場
感をもたすのではなく、利用者が大空間の中で周遊する（英国ヨーク・大阪市
海遊館型）、動植物そのものの特性や癖、習慣を生かした展示空間を設ける（動
態展示）方式などがある。

　7．日常の現象を展示に　何かの反応を利用者が起こすことで展示の状態が
変化する(インタラクティブ・インスタレーション型)。自然界の原理や法則、
現象などを、ひとつのアート作品として創りあげる（エクスプロラトリアム
型）。それら展示資料を操作するなどして気づき・発見が得られ、事象の理解
をうながす（ハンズ・オン展示）。利用者自身が展示に何かを働きかけた結果
として標準的な結果と比べて自己判断する（フリップ・ラベル型、参加型）方
法がある。基本、これらは人気のあるものほど、損耗がはげしくメンテナンス
は必需品になる。

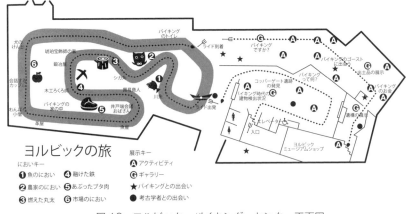

図 10　ヨルビック　バイキング・センター平面図

　イギリスのヨーク市街では、ショッピングセンター建設に伴う発掘調査で検出されたバイキング統治時代の遺構をもとに、においだようムラが再現されている。その中をバイリンガルの解説装置がついたライドという乗り物にのって探検する（図10）。近くには、こどもたちが発掘のプロセスを学ぶことができるディックという施設や実際に発掘体験できる遺跡もある。

展示技術の実際
　日本では展示に用いる建物は、1970年代以降は新築建物優先であったが、2000年になってからは古い建造物などとのコラボレーションやインスタレーション的な空間造りの割合が増す。内部の演示具や照明、空調、映像などは日進月歩である。演示具は特に最新の素材と阪神・淡路大震災以降、充分な免震・耐震性が計られている。身障者や子ども、老人に配慮した空間デザインやコンピュータの発達による解説文やサインの印刷デザインの多様なニーズへの迅速に対応できる。照明は熱の発生をおさえる光ファイバーやLEDの発達で形や埋込方、発光源の位置などが飛躍的に姿をかえ、展示の自由度が高くなってきている。
　最近では、空間構成の背景的な映像のマッピングや３Ｄ化で環境演出度が高くなっているものの、本質的な実際の展示品という物質の取り扱い方は、1990年以降はハンズ・オン展示をのぞいて、あまり発達しているとは言えない。ここでは実際にディスプレーするにあたっての基本的な留意事項を示しておく（伊藤1990・インテリア1993）。
　1．造形の基本要素（形・色・テクスチャー〈texture〉）　展示はさまざまな形や色から相互の関係、調和、材質感を配慮した集合体を作るのが基本である。
　上下130°、左右200°人間の視野からくる範囲のなかで、形を知覚しやすくするには、面積・位置・相称・包摂・明度・まとまり・主体の条件（観察者の経験）など、相互関係を考慮する。色彩については、明度・彩度・色相、その調和には秩序・親近・共通・明瞭性がいる。
　材質感を表現するテクスチャーは、触覚感をもつ表面構造などからそれそのものの性質を表すもので、本来と偽のものがある。前者は組織や構造のス

トラクチャー〈structure〉と加工による外形的変化や様相のファクチャー〈facture〉とが外部にでる。偽のテクスチャーは機械的なもの、手で作られたもので、光沢、粗面、型付け法によって生み出される。

　2．人間的尺度と空間　展示は一定空間のなかで「かたち」をあたえる。手・腕・脚・身長など身体的な尺度からくるモジュールと建築モジュールという枠組みに制約される。

　展示意図にもとづき、人間行動の範囲にあわせて設計するには、人間が無意識におこなう生理的な動作を展示対象の行動特性にとりこむ必要がある。空間は建築構造に制限されるが、そこでつくり出される空間のスケール感覚は、規模（広さ）、圧迫（抵抗感）、明瞭さ（区切られ方）によって支配される。空間境界の条件は、大きさ、位置、プロポーション、かたち、意味などの形態的特性から導かれるときが多い。

　3．照明　展示を写しだす機能と魅力をあたえる重要な要素に照明がある。前者は光の分布・方向、輝度、光源の違いを考える。後者はそこで起こる人間行動パターンを分析したうえで、機能・美的・生理・心理側面をイメージして生み出さねばならない。照明は窓やトップライトからの自然採光という方法があるが、紫外線や温度変化など展示品にダメージをあたえる要素を制御しにくい。室内照明での明るさの目安は、勉強や読書に適する約 200 ～ 500lx。LED 方式の読書灯は白色光がより向いていると評価される。展示照明はそれより暗い（p.98 参照）。

　機能面として、展示品ごとでの調光器による照度レベルの調整がいる。光源には出力・輝度があり、自然の昼間に近くするなどの色の種類がある（演色性評価数 Ra＝100 昼光）。博物館の照度は LED 照明の区別を問わず、原則として 100lx 以下であり、国宝・重要文化財への考慮措置として展示品によってそれ以下の値を文化庁が細かく指示する。公開時間（露光時間）を勘案する。蛍光灯は紫外線防止、退色防止、美術館・博物館用を選択する。

　設置には、部屋を一様に制御するベース型、展示品の色彩・素材を正しく伝える重点型がある。ほかに、空間の個性化、雰囲気を高めるアクセント・アピール効果がある装飾型がある。具体的には、埋込・天井・壁直づけ・吊り下げ・置型がある。取付ける光源には、白熱・ハロゲン電球、LED ライト、光ファ

イバー、蛍光・メタルハイラド・水銀ランプ、スポット・ペンダントライト、スリム・ムギ球など、多様である。色・温度だけでなく展示に適合する光源形態にも注意が必要だ。最近は経済的で耐久力のある LED ライト、光ファイバーが主流だが、ハロゲン球でそろえてこだわる美術館もある（p.92 参照）。

　4．サイン　そもそもサインは公共空間の場での伝達機能という面で発達した。単に陳列するだけでなくなった展示において、品目名・注記・解説だけでなく、今や空間を区切って美しく演出し、展示意図やスムーズな鑑賞をうながすための必需品となる。

　建築空間と取り合う全体的なサイン機能は、施設の記名・表示、方向を誘導、内容の案内・説明、行動の規制を含んでいる。一方、展示に直接関わるものは、タイトル・テーマ・解説・キャプションである。それらとともに、緊急非常灯や身障者用サインと点字パネルなどとともにバランスよく組み立て、それぞれの機能を生かした空間をつくる。

　整備には、スムーズな利用、空間秩序、美的効果を配慮しながら、役割の位置づけ、目標設定（コンセプト）、イメージ、サインリスト、動線設定、内容のボリューム・文字といったものが作成のための基本チェック項目になる。特に、サインリストは煩雑さをさけて少なく分かりやすくする。内容のボリューム・文字もまた同じであり、表示面のサイズや展示の全体バランス、建築との調和を考えてしぼり込み、誇大にならないよう工夫する。最近は、音声解説、映像・携帯装置、図録などで多様なニーズに合わせて選択性のあるメディアをサインに用いることができる。全体として、とにかくシンプルに統一することが肝要である。

　取付けには、壁面付け・埋め込み・突出、スタンド（固定・可動）、天井吊下げがある。サイン板に情報を盛り込むためには、切抜き貼付、印刷・シート貼付、エッチング、鋳造、板金、切抜き、象眼、陶板焼付けなど、材質には銅板、アクリル・ステンレス・陶板、石、アルミ（アルフォト）がある。プリンタやプロッタの発達で印刷をこえた多彩な表現ができるようになった。サイン照明には外照・内照式がある。最近は展示ケースガラス面にフィルムを貼る、映像を写し込む方法やマッピングもある。

　サインでもっとも重要なことはデザインに秩序ある構成をあたえることであ

る。そのためにはまず、基本モジュールを設定し、大中小など、必要と役割に応じて統一する。サインの性格わけが歴然と分かり、視認性が劣らないように、ともかく形態、材質とも少ない要素に統一する心がけがいる。表示面のレイアウトは、色・形の識別、誘目、視認、可読、審美（美しさ）があるか、環境にマッチするかがチェック項目となる。

　5．室内環境と制御　展示資料の保護のためにも、温湿度の管理は重要である。機械力による制御は災害などの緊急時に急激に変化を起こす。できるかぎり壁面構造や空間形状などを工夫して、自然の吸気・換気などを利用するにこしたことはない。しかし、現状では機械力をたよることが多い。展示室内では展示品に対して空気の流れを充分に考慮する。展示品のなかでも、意外とパネルやレプリカといった新しい製作物の方が不安定で劣化は速い。換気と通気箇所を把握し、空気の圧力は高いところから低いところに流れるので、むしろ、これを利用し、自然・機械換気を極力、併用する。結露には、水蒸気の発生の抑え、換気、断熱材、複層ガラス、二重サッシなどの工夫がいる。水はほこりを呼ぶので、特に注意が必要だ。文化庁は国宝・重要文化財への考慮措置として、温度は 22℃± 1、相対湿度は 55%±5%、金属品は 50% 以下、文書類は 50 ～ 55％とする。

　照明にも色温度（高くなるにつれ赤→黄→橙→白→青ケルビン K）があり、熱を発生する光源には特に注意がいる。白熱灯は熱線の影響をさける。熱や紫外線を発生しない光ファイバーや LED ライトへの置きかえられるが、光の拡散や演色に向かないところもあった。しかし、ハロゲンランプの演色性に匹敵する高演色性の LED スポットライトが製品化されていることが確認されている（園田 2016）。

　国立民族学博物館、展示照明の LED スポットライトに求める性能選定、基本方針を以下に記す。

　配線レールの開口溝から専用のプラグを介してスポットライトなどに電気供給可能な既存の配線ダクトに設置。

　分光分布の提示を求め、紫外線・赤外線領域の波長をもたない。可視光領域の分光分布がなだらか。

　LED 素子数は、調光タイプでなければ、影が重ならないワンコアタイプが

望ましい。照明が観覧者の目に入る場合、とくに多粒タイプは防眩対策が可能。

色温度は 2700K と 3000K の 2 種類の併用か調色タイプとする。民族資料の場合、有機物や無機物、複合素材など多様な構成であるため。

演色性が良いこと。平均演色評価数 Ra は 95 以上。Ra と R1 ～ R15 の値の提示を求める。

照度は、光源下 5.3 m で 150lx 程度の確保。個別に 5 ～ 100 ％の調光が可能。調光に際し色温度に大きな変化がない。

照射角度は、上下、水平への可変角度。

6．ディスプレー空間への落込みの実際　博物館がどのような使命をもつかで、ディスプレー空間の取扱いは違う。たとえば、大規模博物館で、しかも都市に立地する場合は、地域コミュニティーの核的な役割を求められることが多いことから、専門性以外でも空間機能として逐次、ニーズにともなったフレキシブルな対応ができるように構成する。対して、フィールドに根ざした地域・テーマ・専門博物館はそもそも利用者によって成り立つことが多く、その求められる構成やストーリー、デザインなど、個性・差別化が要求される。それぞれクライアント・センタードにもとづく。

すでに、展示の基本構想を構築する段階において、マーケティング、マネージメントなど経営面と展示コンテンツ、デザインイメージ、展示評価の統合が計られるはずである。展示品の実際の落込みにあたってのプランニングの基本は、展示現場での快適性・見やすさ・展示品へのアクセスと管理や扱いやすさがチェック項目となる。そして何よりも、楽しめることが重要である。さらに、構成・量・ストーリー・フロアースタッフがつねに把握できる状態に保持されるかの対応が求められる。

展示室のゾーニングは、長方形・体育館・回廊・回遊型などの空間に対して、見る・使うゾーンと収蔵ゾーン、活動ゾーン、スタッフゾーンといったそれぞれが動線障害にならないよう機能分離した設定をイメージしてレイアウトされなければならない。こうしたことで利用者の快適な観覧が約束される。

展示スペースの設定は、利用者が新しい場所に立ったときの視角範囲が 3.6 ～ 5.0 m 前後として基本単位をとらえよう。壁展示にせよ島展示にせよ、アイテム・プレゼンテーションの高さは 150 ～ 180cm、中心展示スペースの高さ

は 60 ～ 150cm が好ましい。

　物体を立体的に群化させて展示するには、三角形構成を基本単位とするのが手がたい。その単位で展示項目を構成すると、展示品そのものがサイン的な役割をはたす。横広がりにならないよう頂点を見つけ、奥行きを三等分し、一番奥に大きい・寒色系をもってくるのが原則である。全体として、シンメトリックな構成は、安定感・美しさ・バランス・プロポーションを生み出し、アンシンメトリックは立体感をかもし出す。三角形構成はやさしい、安定感、伝統的なものであるが、躍動感が不足する。動きや方向性をあたえるなら、コーディネイト・色彩・小道具などでアクセントをつける。

　演出の５原則は次のような手順で行う。分類、焦点を絞る→テーマをつくる（シーンの想定）→集視ポイント（アクセント、バリエーションのピックアップ）→ボリューム（質感・色彩で豊富感）→色彩の調和・バランス→照明→サイン→ものを生かすために似合っているかをチェックする。

　中心展示スペースの見せ方には、まず全体にテーマを与え、その一群を立体物の高さとしてとらえる。展示品をしっかり見せる→次に面としてとらえ、ものの価値観を探り、システィチックに配列する→その配列順はストーリーづけてレイアウトし、ゾーンとしてとらえる→その後、利用者動線（博物館が主張したいマグネット・ポイントを設定）・フロアー・スタッフ動線、管理動線などのチェックがある。

　実際の展示にあたっての留意点の基本、自己の展示にあたって、ここで取りあげた項目を逐次、チェックすることをおすすめする。

近つ飛鳥博物館展示工事の実際

　まずは常設展示工事の流れがある。近つ飛鳥博物館では創設準備委員会が建設全体を決定し、展示専門部会が細かな点検を行い展示実施設計書が整えられた。項目は以下である。

　展示具仕上げ表、展示室完成予想模型、平面図、展示設計図といった全体的な配置。ストーリー、テーマ、大項目、中項目、小項目という区分に関わるもの。演示具リスト、グラフィック、ガイドサインシステムなど、工事の詳細内容や使用材料、数量などの把握。照明配置や据え付けケースなど、建築設備関

係図といった建築工事との調整。

　展示の空間配置は、まず実物資料の大きさに支配される（複製品や模造品を中心とするジオラマ的な構成やハンズ・オン展示装置などはその限りではない）。つまり、実物資料は分割できないため、それを納めるスペースの確保の検討から入る。大きいものでは、長さ 8.8 m の大修羅がある。具体的におく場所、そして保管環境次第では、再保存処理ための搬出という前提から入る。通常の資料では、保存性や安全性、耐震性を考慮に入れた固定具の安定性を検討する。演示台、展示ケースはそれらを基礎に検出する。本来は、この作業後に、建築設計することが望ましい。近つ飛鳥博物館の場合、壁展示ケースはビルトインにして建築意匠とあわせている。展示資料の他に、利用者の対向動線、車イスの 120cm 幅や目線の確保、エレベータの設置などを配慮すると展示空間での自由度はほぼ限られてくる。

　この博物館の展示空間構成は複雑である。上下左右、360°からの視野もあるため、CG だけでなく、模型をつくって展示のシミュレーションをした。にもかかわらず、実施レベルで大きく変わったものがある。第 2 展示室の中 2 階状になったゾーンの吊りバトンと仁徳陵古墳復原模型上のキャットウォークである。前者は、照明が展示品にとどかずバトン位置を下げて近づけた。そのため、バトンが上階の第 1 展示室から目に入ることになった。後者は逆に、中 2 階上から利用者の目の前にくることから吊り金具を切断して上げた。

　常設展示工事は設計項目に連動する。①共通仮設・展示造作、展示ケース・金物一般、演示具・木工所、造作・模型といった展示環境づくり。②写真・グラフィック（シルク印刷・プリント）、サイン、電気工事、AV・PC 設備及びソフト・プログラムといった付随した情報伝達装置の落とし込み。③ガラス一般、電気工事など、全体に関わる作業がある。

　工事手順はまず施工計画としてフローチャートを作成する。これは資料搬入や建築工事などの取り合い、すり合わせが最も必要とされるもので、列車のダイヤのようである。展示工事そのものには、工程ごとで、逐次、点検、評価が入る、検討が必要であればその都度、組み直す。特に、近つ飛鳥博物館の場合は、設計時のみならず、施工に入ってからも、建築の設計変更があり、空間形状が変わる。必然的に展示造作や配置も変更になった。そうしたせめぎ合いの

末に展示がフィックスするので、それぞれに cm 単位での展示配置の機能的な理屈がともなう。一見、第三者にとってみれば、空きスペースやケースの間隔にムラがあるとみえても、空間は細かい理屈で埋めつくされている。

　したがって、実際の現場での墨出しは工事のもっとも起点となる重要な作業である。その後の手順は、以下のとおりである。

　〈墨出し〉→展示ケース骨組み→造作骨組み→（配管・配線）→ボード貼り→パネル取付→棚・展示台取付→（配管・配線）→造作骨組→塗装・クロス→（器具取付・結線）→ガラス取付→ AV・PC 装置→造形物仕上→ AV・PC 制御→（結線）→〈造形調整〉→演示具・展示物→グラフィックサイン→展示資料セット→ AV・PC 制御テスト→器具取付点灯テスト→漏電のメガチェック→キャプション→ソフト組入→ AV・PC ランニングテスト→〈全体調整〉→電気関係総合チェック→総合調査。

特別展の資料借用、展示工事や運送

　特別展や巡回展は短期間であり、開催博物館どうしや開催博物館以外の関係機関から借用する場合が多い。さらに、内容やテーマに合わせて、複数の機関から収集してそれに展示演出を加えて解説、それに見合う活動をおこなう。ここではそうした展示の場合の留意点や立案から展示の撤去までを概観する。なお、欧米との借用交渉には、ファシリティーレポートが求められる（p.48 参照）。また、事前に借用資料のコンディションを調査して調書を作成し、それをもとに借用時には点検簿に現状の傷や付属品、取扱い方法の確認などを註記して双方確認の上、借用書を発行する。その借用書は現物の代替品となり借用先に保管され、返却時に現状が保たれていることを確認して、借用品と借用書をそれぞれに返却される。

　1. 特別展の立案と事例　巡回展を受ける貸し会場的な博物館は集客計画や展示品の大きさや数量など以外に制限はないが、館に一定のテーマ性を設ける場合は美術や歴史、こどもなどに対して、共通するストーリーであることも条件として加わる。参加博物館全体で立案する場合もある。1 つの博物館で行う特別展では、その館のミッションやテーマによって、シリーズ化した中期計画の上、特別展のタイトル案が付与される。

　大阪府立近つ飛鳥博物館のテーマは、古墳文化と近つ飛鳥という2本柱であることから、開館当初、原則として春季は前者、秋季は後者として、特別展を配列した。春季は、「鏡の時代—銅鏡百枚—」「仁徳陵古墳—築造の時代—」「残されたキャンバス—装飾古墳の世界—」など古墳に関係して、秋季は「シルクロードのまもり—その埋もれた記録—」「古代人名録—戸籍と計帳の世界—」「金の大刀と銀の大刀—古墳・飛鳥の貴人と階層」「大化の薄葬令—古墳のおわり—」などの地域間や飛鳥時代から想起されるものであった。

　2．特別展の基本的な計画事項例　ところで開館5年目の春は近つ飛鳥博物館からつくり出されるものにこだわった（写真1）。

特別展示名：近つ飛鳥工房—人とかたち　過去・未来

展 示 期 間：平成10年4月14日（火）～6月14日

展 示 場 所：大阪府立近つ飛鳥博物館特別展示室（住所・電話・ＨＰアドレ
　　　　　　　ス等）

入 館 　料：一般600円ほか

問い合わせ：大阪府立近つ飛鳥博物館（住所・電話・ｅメール等）

主　　　　催：大阪府立近つ飛鳥博物館・産経新聞社・関西テレビ放送

開 催 主 旨：一体、かたちとは何でしょうか。本特別展は、はじめてのかたち、
　　　　　　　何度も出会ったかたち、・・今改めてかたちを問い直し、「かた
　　　　　　　ち」を見つめます。そして、古墳・飛鳥時代のかたちについて
　　　　　　　触れ、その人々が生み出したかたちのイメージをふくらませ、
　　　　　　　現在、私たちが生み出そうとしている「かたち」について、五
　　　　　　　感を通じ、考え、試みようとするものです。

　　主な展示品目一覧

　3．展示に関する関係法令　文化財保護法53条がまずある。

　「重要文化財の所有者及び管理団体以外の者がその主催する展覧会その他の催しにおいて重要文化財を公衆の観覧に供しようとするときは、文化庁長官の許可を受けなければならない。

　ただし、文化庁長官以外の国の機関若しくは地方公共団体があらかじめ文化庁長官の承認を受けた博物館その他の施設（以下この項において「公開承認施設」という。）において展覧会その他の催しを主催する場合又は公開承認施設

の設置者が当該公開承認施設においてこれらを主催する場合は、この限りでない」。

　ここでは国宝・重要文化財の取扱いが 2018 年に改訂されたものをかかげておく。

　公開のための移動回数及び期間は、き損や劣化の程度が著しいもの、材質が極めて脆弱、寸法が特に大きい、形状が複雑ものをのぞき、原則、公開のための移動回数は年間 2 回以内、公開日数は延べ 60 日以内。上記以外のもので、特に個々の保存状態に問題がなく材質が石・土・金属などは年間公開日数が延べ 150 日以内になった（旧は、公開回数は年間 2 回以内、公開日数は延べ 60 日以内〈褪色や材質の劣化の危険性が高いものは延べ 30 日以内〉、照度は原則として 150lx 以下）。特に個々の保存状態に問題がなく特別な事情がある場合、事前に文化庁と協議の上、次回の公開まで適切な期間を設ける措置を取った場合は年間公開日数は延べ 100 日まで。褪色や材質の劣化の危険性が高いものは年間公開日数は延べ 30 日以内である。

　個別の重要文化財等の公開については、絵画の照度は 100lx 以下。版画が年間延べ 30 日以内で照度は 50lx 以下、油絵が年間延べ 150 日以内。彫刻は金属製品が年間延べ 150 日以内、単一素材の彫刻作品の年間日数は事前に協議。陶磁器や銅製品などの工芸品は年間延べ 150 日以内。漆工品・甲冑類の照度は 100lx 以下、染織品の照度は 80lx 以下となった。考古は材質が石・土・ガラス・金属の場合、年間延べ 150 日以内。書跡・典籍・古文書は照度が 100lx 以下。歴史資料は近代の洋紙利用の文書・典籍類、図面類、写真類などの照度は 50lx 以下となった。

　材質・形状・保存を考慮する措置事項として、常時おかれてきた場所とは異なる環境に輸送したものの梱包を解くときは、24 時間程度の十分な慣らしの期間を確保。展示ケース内の温湿度の調整は、展示室の環境や構造、管理方法を考慮し、エアタイトケースを適切に使用、調湿剤の使用、データ・ロガー（記録計）による温湿度の計測をつづけるなど、適切な方法を維持。展示ケース等の作製は文化財に悪影響のあるガスを発生する素材や接着剤等を使用する場合は、使用量や通風乾燥期間を適切に設け、定期的にケース内濃度を確認。巻子装などの鑑賞のために傾斜台上におく場合、原則として傾斜角度を水平角 30°

以下にする。公開中、展示文化財の定期的な点検をする機会を設けることがあげられている。

　他に、文化財の不法な輸出入等の規制等の関する法律や著作権法がある。「利用料金」は地方自治法及び、条例がある。運営が指定管理者の場合は、地方公共団体に承認を得て指定管理者が定める。

　4．展示品の借用と展示例　資料のコンディション、借用前とくらべて異常があるかないか、という点検簿を作成して互いの確認をとる必要がある。こうした調書作成以前に、借用品が館から外部に出せるかの事前調査と交渉、移動中や展示中に毀損・破損の可能性を検討した後の許認可や条件づけがある。その条件としては、展示環境はもちろん、補強の必要、薄葉紙・布・ウレタン・カートン・木箱など輸送中の梱包方法、リトマス紙など輸送中の環境変化の確認とそれに対する温湿度の対応策などが必要である。

　重要文化財の輸送やエアータイトケース、窒素封入ケース、照明・湿度調整などについても、まずは関係機関と調整する。

　5．特別展の展示項目、講演会、活動例　展示の大項目は3つある。

近つ飛鳥工房—人とかたち過去・未来

!．生み出されるかたちたち

!!．模倣されるかたちたち

!!!．残されたかたちたち

他に写真1にあるように、以下のアクティビティーがある。

講演会：歴史セミナー

ワークショップ：「かたち」のかがく

活動：カルチャー of アスカディア

特別展事業の流れとしては、図12に示すものが基本形となる。

構想、構成	①企画段階	②準備段階				③設置後段階
使命 利用者の定義 ビジョン ストラテジー	利用者の知識 と関心 展示のテーマ	引きつける力 保持する力 手順の力	感情的な力	順序の決定 サイン		専門的（内見会） 問題点の抽出と解決→製作 途中評価へ 利用者調査→配置、構成、 動線の検討など
・明文化 ・調査 ・実現性	・ストーリー ・絵コンテ ・シナリオ	・モックアップ ・予算化 ・施工仕様書	・各種設定書 ・資料製作 ・展示工事	・キャプション ・解説文 ・図録		・公開 ・関心・学習 ・メンテナンス

思考範囲増←				→具体的問題増
	企画段階評価　製作途中評価			批判的評価 修正的評価 総括的評価
コスト小		コスト大		コスト小

図 11　展示構想から設置後までの展示の諸段階

立案段階	・特別展の中期的展望からくるシリーズ、テーマの設定↓ ・特別展の計画案策定↓（展示会名＜仮称名,主旨,展示ストーリーと主な展示品の概要＞、会場、期間、主催・共催） ・予算案確定↓ （展示工事請負費、資料製作委託費、美術専用車等委託費、出張旅費、ポスター・図録作成費など見積もり）
調査・計画段階	・展示資料調査と借用協議（展示資料調書作成） ※次年度の常設展示計画の早い博物館は、前年度の11月くらいには借用依頼の打診が必要。移動や展示のコンディションについての保存部門への確認及び、可能であれば輸送、展示・収蔵管理の条件や方法の詳細確認。
設計・積算段階	・展示品目一覧、点検簿作成 ※重要文化財の公開関係の協議（関係博物館、文化庁、都道府県、市町村） 特別展費用の実施見積もり、確定 ※セミナーやワークショップなどの講師依頼（6ヶ月前には確定が好ましい）、会場確保
実施依頼、入札・契約段階	・図録や解説パネル、音声・映像原稿など依頼↓ ・展示の工事請負発注、契約↓ ・ポスター、チラシ、リーフレット、入館券などの印刷発注（広報関係も） ・委託関係（映像製作は工事に含めるなど、流動的）の発注
工事施工、委託実施段階	・工事施工・竣工検査・引き渡し、委託成果品検査・納品 ・展示品の美術専用車による集荷・仮収蔵・展示作業
維持・管理段階	・内見会↓　フロアースタッフの確保 ・入館券、図録、ミュージアム・グッズ販売↓ ・ギャラリートーク、セミナー、ワークショップ等の開催
撤去・精算段階	・撤去工事・竣工検査 ・展示品の撤去・美術専用車による返却、収蔵庫への収納

図 12　特別展事業の流れ（立案、調査・計画、設計・積算、実施依頼、入札・契約、工事施工、委託実施、維持・管理、撤去・精算の諸段階）

第6章　近つ飛鳥工房－特別展の開催と博物館活動

共通言語という発端

　私は特別展をつくるときにその発端として「共通言語」を探すことからはじめたことがある。というのは、日本の歴史系博物館の展示品はガラスケースに入っている場合がほとんどである。一方、科学館では実物展示品がふだんの日常生活の中でとりまいており、館そのものはインタラクティブなハンズ・オン装置が展示品の中心となっている。そうしたものをつなぐ展示を模索したかったからだ。つまり、科学系の場合はその日常生活の実物にあたる部分が常設展示そのものなのである。そうした科学館のような展示を取りこもうとした場合には、まずは特別展での展示装置、活動プログラムと類似したものをその展示の実物資料として切り広げていく方が日常的な環境にもっていきやすい。ただしその場合、両者の場をつなぐ装置がさらに必要になってしまう。それをここでは仮につなぐしかけを「言語」と呼び、そこから派生していくハンズ・オンに関連する事柄に歴史博物館である近つ飛鳥博物館は挑戦してみた。

　ハンズ・オン装置を探るために「かたち」という言語をテーマにして1998年春季特別展『近つ飛鳥工房—人とかたち　過去・未来』を開催することになった。4月14日から6月14日といった期間を軸に、できるだけ体験型として発想される事柄、プログラムを展示とともに展開するためであった（写真1）。

　プランニングから日常、インターネット、電話やファックスなどで、天気のあいさつのように「かたち」にこだわった。この姿勢は実際の展示が始まってからも変わらず、それにともなう活動は何から何まで自転車操業状態となった。ただ、その場を振り返るとき、体験してしまうと非常にプロセスを抽象化してしまう自分がいることもまた感じた。現在進行形をいかに維持するか、より一層深刻になった。ただし、この特別展から派生した体験型のさまざまな展示活動はその後、常設化するもの、時限的なもの、前者のバラエティーの中に吸収されるもの、いろいろな展開が考えられた。

具体の展示にとりかかる段階に至り、ハンズ・オンに向けてのシミュレーションをしてみた。その1つとして、後で紹介するベルニー・ズブロフスキーさんのワークショップから発想されるストローの家をつくってみた（ベルニー1985）。

　「ストローで建築構造物をつくるという行為」の中での大きな発見……。それはシンプルだからこそ、頭でつくるのではなく、心でつくる……。というよりは、知識で創るといった方が近いのかもしれないと思った。実際には、自分で行動せずに人がしたことを想像することはかなり難しい。やはり、今回の展示はその展開を未完にしておいて、展示という日常の中から来館者との関係を探るという方向性を強くすることにした。

　展示が公開される前の状況を、私とともに体感した北村彰さんは「今回はいつもの物量感あふれる整然とした空間ではなく、今にも何かが始まるのではないかという期待感のベクトルが強い、より劇場的な展示空間に仕上がっている。そのため、展示室もまだ完成したという雰囲気ではなく、今日4月14日の開催以降ここを訪れた人たちと、運営に携わる学芸員との関わり方によって、今後2ヵ月間『展示のかたち』がどう変わっていくかが楽しみだ」と。

展示へ

　展示の導入で「かたちに触れる」としたブラックボックスの展示が好評。これは小学校の校庭の片隅にある共同水流し場と家庭の台所の流しを合わせたような箱である。その排水溝のような穴に手を入れると何があるか。製作にあたった宮司純一さんは「中に何が入っているかわかっているはずなのに、思わず手を入れてしまう」と。ゴミになったクッションを細かくして圧力をかけ成形したリサイクルマットをボックスの表面に使った。凝灰岩のようにも見える。この石、たまらないほど気持ちいいという子もいた。ただ柔らかいので、展示期間、もつかどうか。結局、それは展示期間が過ぎても夏休みの期間いっぱい残すことになった。箱のなかに収めた模造品は常設展示品ともリンクするので、期間後も常設展示についての触れたときのかたちをつなぐ簡単な頭の体操、クイズとしてのきっかけをつくる装置として機能した。

　何はともあれこのボックス、体験しないと分からない楽しさがある。

　展示本体は、かたちの形成と、自然との対話、循環といったものを導入にし

た。そこには電球などの廃品を使い、徐々にできていくリサイクルクワガタ「別名：メカクワガタ」やいろいろなリサイクル昆虫の展示コーナーがある。なかに、せっちゃんという子がとどけてくれたストローカマキリが会期中に加わった。そして主催者側のメカクワガタの製作プロセス展示の方は会期後半、5月21日になってようやく完成した。

　5月になって、特別展示室内で後述するベルニーさんの三角形を基本単位とするストローの家（ベルニー1985）をストローの代わりに直径10cmほどの紙管で巨大化させた。その空間のなかで、来館者が次々にストローの構造物をつくりはじめた。主催者もそれを受けて材料のストローとクリップの供給体制に入った。ストローの家のとなりにある紙管でつくった旧石器時代の家の中にもストローの家がつまった。

　今回の展示室のなかで、得意満面で何人かの友だちに向かって講釈をたれる小学生がたびたびいた。それは東宝映画に出てくる「ゴジラ」の模型を前にして、である。「ゴジラ」は日本の社会状況に応じて敏感にその「かたち」を変えた怪獣である。その違いと背景を講釈している。その小学生とふだん年配の人がツアーを組んで本館の常設展示の前で説明する光景ともダブった。

　特別展示室を出たところには、タイトルの工房と同じく複製品や模型品、模型の工場を設けた。ここはまさに現在進行形で、その作業内容に合わせて体験器具も館側、実際の製作者側を問わずもちよられた。唯一、主催者側からのにおいや光、音のかたちを提案できた場所でもあった。

　複製品工場の作業は原所有者の監視の下でないと製作できないものがあるため、ふだんから出張が多く、人前での製作は日常であった。ここでは古墳時代の弓の複製作業を披露していたが、それを公開することは手慣れたものだった。途中から、作業スペースのまわりに作業の道具や材料、図面が展示された。複製品製作の作業体験としてブラシとアルミホイルと三角縁神獣鏡の模造品を用意した。それで鏡の背面にある図像の型を取り、箔貼りの複製品製作の工程の疑似体験コーナーもできた。ブラシはプロ用である。

　模造品工場は古墳時代の鉄製と革製の冑と馬具である。

　冑の鉄板を叩くときの音に入館者からの苦情が予想できた。実際にきた。この特別展での唯一に近いうるさい音の「かたち」であった。それをそうとは理

解されなかったようだが、終了まで打ち続けてもらった。その完成後、会期に一週間ほどの余裕があったので、冑をかぶる一角を設けた。

　馬具は鐘のようなかたちをし、その中に複雑なパルメット模様がある。特別展前に当時の小野山節京都大学教授から、「つくり手が実物を見てどう感じ、どのようにつくりはじめるか見てみよう」という提案があり、製作後しばらくしてから検討に入った。小野山先生が観察から得た製作方法はそれとはまるで違った。その時点では、模様を削り込んでいたのだが、小野山先生は実際は針金の組合せだという。かたちをつくるための減算と加算という180°違ったものだった。観察からの製作方法も試みてみた。鉄の素材ややり方が違うのかうまくいかない。しかし、副産物があった。観察の方から見た場合、複雑と思われた模様の構成は、単純なY字形の基礎単位の組合せであることが理解できたからだ。さっそく、その文様を理解するワークショップをおこないワークシートにも取り組んだ。

　一方、石室模型工場での作業中に声がかかった多くは、「何をつくっているか」「いくら給料もらっているか」「好きなことできていいね」とからしい。複雑で細かい作業をしているわりに質問はシンプルなのだ。かえってふだんは聞くことができないのかもしれない。黙々とつくって、黙々とのぞき込む一体感が優先される。この作業は連日、まさに模型工場が移動しているかのようでもあった。

ベルニー・ズボルフスキーさんのワークショップ

　ワークショップとは一体どう言ったものであるかを近つ飛鳥博物館が身を持って体験するために、アメリカ合衆国からベルニーさんを招いた。

　「科学をこどもにやさしく伝えることに頑固にこだわるベルニー博士。ここで遊んだことが、5年後、10年後に学校などで系統的に学んだ事と『あー、そうか』とつながること。それがこの科学展示を生み出している彼の願いなのです。彼は頭の中に膨大な知識を持っているのですが、けっしてそれを展示にそのまま詰めこむことはしません。こどもたちがほんとうの意味で『わかる』ことにつながる展示を研究しつづけているのです。長いスパンでじっくり展示を作るのが彼のやり方」。染川香澄さんたちがこう彼のことを記す（染川

1996)。

「欧米の（アメリカのかな？）教育の懐の深さを見せつけられた思いがしました。直接、教育に携わっているわけではないものがそう思えたのだから、実際に教育の現場にいる人にとっては衝撃的だったのではないかと思います。オープンエンドっていうのですか、あの、答えを絶対言わない方法。あれされたら、絶対に気になって自分でなんとかしようと思ってしまう。あれ以来、シャボン玉やりたくて仕方がない。……"突き放した"教育（？）、日本にもぜひとも取り入れるべきですね。……」と、富田林市立高辺台小学校体育館での小学校理科研究会ワークショップに参加した北浦智さんの弁。ベルニーさんはどんな分野の人の話でも、つき合ってしまう。それぐらいできないと、答えを言わずに、どんな小学生の質問や投げかけにも付き合って行けないかも知れない。基本はこどもたちといっしょに観察し、ともに感動し、それを見て相談することのように思えた。とにかく、ワークショップの前に一人で黙々とシャボン玉やストロー、食紅の渦巻き、そして何よりもその土地の水質、それらを試す姿は印象的だった。

　ベルニーさんは近つ飛鳥博物館にワークショップの考え方や方向性、カリキュラムの組み方、それらの具体化などいろいろな贈り物をしてくれた。以降、近つ飛鳥博物館のワークショップの概念がこれで固まったといっても過言でない。

校外学習（遠足）ワークショップと「夏休み博物館こども工作室」

　1998年の春、小学校の校外学習用のワークショップをおこなった。参加校は12校である。

　その前に課題となったのは工作ぎらいの小学生をどうするのか。楽しいはずの遠足が工作のために暗いものになってしまう。そして、材料の調達はどうするか。これは近つ飛鳥博物館に下見にやってきた先生に相談するとともに、素材は、リサイクルの知恵を借りて、できるだけ手に入りやすいものにした。これであれば、高価で規格化された素材で気負ってこどもたちの出来不出来を計るようなことになりにくい。それ以上に、最も肝心なつくり方の原理を感じるのが第1目標にできる。さらなる問題はこのプログラムを1～3時間に納めなくてはならないことだった。その場、その都度、小学校の事情も違った。基本

は先生と相談することにあった。

　そして、活動ははじまった。「紙で冑や沓」「粘土で須恵器」「ストローで古代の家」「ダンボールで古墳模型」「アルミ缶で馬具」などをつくる、であった。このさまざまな活動内容と、それにも増して多様な小学生の反応に驚くとともに、たくさんの事柄を学ぶことになった。ただ、前半はお料理番組風になってしまうところが気になった。それでもベルニーさんの考えることを優先した姿を見たことは後半の軌道修正につながった。

　プログラムのなかで現代と未来の考古学者（小学生）との会話を強く感じたことがあった。それは鉄製冑の製作である。鉄板の単位毎のかたちに紙で切り抜いて組み合わせ、その完成した冑をかぶって事前にみた展示室のどこにあるか、わからなければ探して、ガラスケースに収まって触れることができない模造品や実物と比較するようなことをおこなった。展示室にある鉄製と自らつくった紙製のものとが結びつかないのか、単純に印象にないのか、おぼえている小学生がほとんどいない。といいながら、「展示室で探そう」というと、先導する子やしばらく歩いて目ざとく見つける子が、10 人から 20 人のなかに必ずいる。そして、展示ケースの前に立ったとき（この時点までつくったものが冑とは明かしていない）、小学生は（ほとんどと言っていいぐらいなのだが）はっと気がついたように一様にかぶっていた冑の前後をかぶり直す。そこで、つくった冑を天地逆さまにして、これ何に見えるというと、「船！」と合唱する。ところでこの冑、前が船の舳先の衝角のように尖っていることから衝角付冑と呼ぶのだが、小学生には自転車などのスポーツ系ヘルメットのように前後逆さに思えるらしい。そこで、はたと現代考古学の常識に騙され、こちらが前後を間違っているのではと。これは未来の考古学者に考えてもらおうと。

　これと同じことは大学生や婦人を中心としたグループ、歴史カルチャーものの集まりでも平行して試みた。ただし、そのときには今の考古学者がなぜ衝角が前方と考えるかを謎解きした。それでも、ふつう遠慮気味で出にくいプリミティブな疑問を喚起するには充分だった。

　校外学習ワークショップや後で述べるカルチャー of アスカディアで集めた紙、牛乳パック、空き缶などが大量に残ってきた。一方、こうした管理された集団ごとでの行動だけでなく、ホールという場、空間だけを用意してみた。材

料をもってきて作品をつくり出すが、そのうち前の人が残した材料を使いだ
す、自分のもってきたものはそのままおいておく、材料は館の方で準備しなく
てよいという宮城県美術館方式だ。不特定の人が突然集まり、めいめい好きな
ようにつくってみたらどうなるか。

　そこで突如として「夏休み博物館こども工作室」が会期後に登場した。「い
ろいろな材料があります。展示室には古墳時代の品物があって、風土記の丘に
は自然の生き物がいっぱい。そういうものをいろいろな材料でつくって、そし
て、つくりながら、そのつくっているもののかたち、意味、仕組み、気持ちい
ろいろなことを考えてみるのはどうでしょうか」。

　誘いかけだけのプログラムだったが、夏休みの宿題という課題も手伝って
か、フロアーの上でこどもたち、家族連れ、フラとよったグループなど思い思
いの品物をつくっている姿があった。内容的に時間のかかりそうなものはワー
クシートを手にして、その時間内で各自ができそうなものに挑戦する傾向が
あった。心配していた材料は、参加者が何らかの廃品を持ってきて、その材料
か、置いてある材料で気に入った工作をし、帰りに余った材料をおいていく人
が多かったので、極端に減ったのはストローぐらいだった。

体験版カルチャー of アスカディアへ

　特別展の展示品にちなんで、つくる前に観察するか、つくった後に観察する
かを意図して「木簡・鉄製刀子の革袋・石製刀子・馬具金具・ガラス玉・ミニ
チュア炊飯具・古墳などをつくろう」を企画した。

　ここでは私の分担の「ガラス玉をつくろう」を紹介する。参加者の多くは「バー
ナーとかで」と思っていたようだ。ところが作業は、前もってつくった丸いた
こ焼きの鉄板のようなかたちをした土製の鋳型。そこにガラスの粉（蛍光橙な
どの粉も）を入れ、七輪の底におき、その上に置き炭をのせ、後は待つだけの
プログラムだった。そうするとできあがる。もちろん、特別展に展示するガラ
ス小玉の鋳型の観察やその類例の紹介、ガラスの材料・性質といった講釈つき
ではある。

　この場合、ガラス玉の表面の細かいかたちは、鋳型の細かい彫り込みには左
右されない。自然に球形ができあがる。つまり表面張力といった自然の力を利

用したかたちなのだ。ベルニーさんのシャボン玉プログラムのようでもある(ベルニー 1987)。熱したガラスを吹いたり、引いたり、巻いたり、流し込んだりして、力づくで思い通りのかたちをそのままつくるわけではない。自然にも手伝ってもらった「かたち」なのだ。

　このプログラムは参加者が上述の理由で誤解していたかもしれず、応募が好評で、計4回おこなうことになった。スタッフの事前シミュレーションをいれると計7回。その間、成功確率が低かったので、回を重ねるごとに新たな試みを繰り返した。参加者は当然毎回はじめてだが、こちらの方も毎回新鮮だった。ただ、やはり確率が低いため、この試みの半ばでプログラムを見学にきた考古学者で俳優の苅谷俊介さんに提案いただき、最後の回は炭を備長炭にグレードアップした。格段によくなった。

　この体験型プログラムで私にとってもっとも有益だったことは、その試験回数が多くなることから、成功確率や条件設定の違いによってどうなるかということを数多く体験、目のあたりにできることだった。一方で失敗するおそれがあることは意識的にも無意識的にも自ずと実際の行動から回避してしまうのだが、参加者がその失敗を現実のものにしてくれることも実感できた。

　カルチャー of アスカディアでできあがった品物や失敗作（この失敗は目標どおり行かなかったということだけで、視角をかえるとすばらしくよい七宝作品などにも見えるものもある）は、出展してもよい人に週入れ替えの展示協力があった。

　それにしても、このワークの典型的な特徴は失敗するということだった。これは内部で意見が分かれるが、ともかく日本でよくあるお持ち帰り商品が保証されない。それが主催者として我慢できない人が多い。他の団体で見学にきた人はその失敗の様子をみてショックを受けた人がいた。

　それでもワークショップそのものは、何かにアプローチするその過程がおもしろく、その行為そのものがクライマックスで、失敗したときが特にと思ってしまうところがある。この後の目標と課題が次々と生まれ、私はあきなかった。

「古墳をつくろう」

　自転車操業の中、特別展の最終日は最終プログラムである「古墳をつくろう」のはじまりの日でもあった。

　参加者と相談し、博物館近くの河南町立大宝小学校校庭をかり、つくる古墳は仁徳陵古墳の 20 分の 1 の前方後円墳に決まった。日程を組んだ。またこれとは別に、参加者各自に描いてもらったスケッチのなかで選ばれた亀のかたちをした古墳もつくることになった。さて、どのような前方後円墳に、どんな亀がへばりつくのか。そして、古墳には円筒埴輪と葺石がつくことも決まった。

　先ほどの校外学習ワークショップとカルチャー of アスカディアの延長線上でのできごとだった博物館こども工作室もそうだが、「古墳をつくろう」現地版は特別展後だった。つまり、期間内に相談はしたもののプログラム本体を丸々夏休みに残したかたちになる（一瀬 2000）。

　前半は博物館学芸員資格授業の実習もかねた。博物館の施設や常設展示に関わることなどはいつでもできるが、体験型プログラムは参加者があってはじめて成立する。そうした生で人と接する作業、実習生の中には、日頃かんたんにできると頭の中で思っていることがほとんどできないと悔しがるものもいた。

　今回の一連のプログラムを経験して痛感するのは体験型は体力と人手がいり、今後を考えたとき、学芸員数名でこなすことができるプログラムの参加人数は限られるということだった（回数が問題でなく、1 回あたりの参加人数の問題の方が大きい）。これを日常化のためには、大阪市のキッズプラザ大阪のように体験型を基本的に支えるインタープリター制度が必要不可欠となる。

　さて、参加者の反応はいかがなものか。

　「見ると聞くとは大違い、いや見ると実際やってみるとは大違い。……古代人の思想や生活にかける情熱やその技術に感動し、その素晴らしさに尊敬の念を新たにすることができた。……長い間真夏の炎天下で長時間体を動かしたことがない。めちゃくちゃ汗が出る。ちょっと動いたら休憩、大量の水。これは初回から感じていたことなのだが、古墳築造技術に対する興味と、むかし味わった太陽の下で大量の汗をかいた後の爽快感とが蘇ってきたのだ。それとともに、できあがっていくのを見るのが楽しくなっていったのだ。この部分は自分が石を葺いたんだ、といえる場所をもっと増やしたい、自分の来ない間にできあがってしまうのは何とも残念だ、と思うようになっていった。それとともに、いやおそらくはそれ以上に、1 つの目標に向かっていっしょに汗を流す『仲間』に、また次も会いたいと思うようになっていったのだと思う。……ああも

う終わってしもたなあ、あれだけ通ったのに、終わりやねんなあ、と思うと何だか歳に似合わずみょうに感傷的な気分になった」

「ぼくがはじめ思っていたことは古墳などぜったいできない。でも、古墳はできてしまった。どうしてできたかは、協力した力と、古墳をつくろうという思いがかたまったから。真夏の８月、セミがうるさくないている時も、協力して汗水たらしてがんばりました。ぼくは、負けないようにがんばりました。……ぼくは古墳をつくろうに参加し、協力ということと、みんなの心が１つになるということがよくわかりました」

「ぼくが『古墳をつくろう』に参加した理由は、歴史への興味・新たな発見への期待・古墳をつくるという楽しみ、主にその３つです。実際に古墳づくりを体験してみて一番印象に残っていることは、盛土と葺石・測量などの古代の土木作業を体験できたことです。……一番楽しかったことは、機械を使わずに手作業で行い、盛土の高さが少しずつ高くなり濠も深くなって古墳らしくなってきたとき、これまでがんばってきたんだなといううれしさです。また、友だちや博物館の人と力を合わせる古墳づくりの仲間ができたことも、古墳をつくって楽しかったことの１つです。……古墳づくりを体験してとてもつらかったことは、葺石の仕事で真夏の太陽で焼けた素手では持てないほど熱い石を運んだことと、古墳の表面が思っていた以上に大変広く石をならべてもならべてもなかなか覆いつくせなかったこと、多くの石をこつこつ運ぶという苦労があったことです。古墳づくりで一番関心したところは、むかしの人の何年ものがまん強さと根気です。むかしの人は、ぼくたちがした以上に大変だったと思います。しかし、埴輪をつくる人や鉄製品をつくる人は、きつい仕事の中でも、ものづくりの楽しみがあったのではないかと思います」

これは近つ飛鳥博物館のインターネット・ホームページ、意見交換コーナーにいただいた感想の一部だが、最後の感想に対する意見が12歳の女性から送られてきた。

「○○君、非常に面白く記事を読ませてもらいました。古代の人々の知恵や根気が、古墳づくりを参加して、よく分かったと思います。記事を読んでいて、『ものづくりの楽しみが当時の人々にはあった』というようなことが書いてあったと思うのですが、私にはそうでないと思われます。弥生時代、米作りが

伝わってから段々と上下関係が広がっていき、古墳がつくられるころになると大和朝廷が日本を統一するようになり、豪族と人民の差は大きく開いていったと思います。そんな中で、苦しい労働を強いられていた人たちが、本当に楽しさを味わっていたのでしょうか。これが私の意見です」

　現在体験した印象と過去の社会への解釈という対立した意見交換だが、本当に過去を追体験できているのか、現代社会にとりまかれる思考にしばられた中で過去がイメージできるのか、などと考えさせられてしまう。いずれにせよ、古墳時代に馳せる思いは共通言語であり、「古墳をつくろう」はそのきっかけとなった。

　このプログラムでは、少なくとも過去から現代に残る古墳とおなじようなかたちをつくることをトレースしてみたことは過去と共通する。だれかにたのんでおいて、完成した姿の古墳だけをみるというのは、過去の実物の古墳を漠然と見ることとさして変わらない。

　最大の醍醐味はやはりここでもプロセスである。「自分の来ない間にできあがってしまうのは何とも残念だ」は、まさに現在進行形である。一方で、作業プロセスごとに『古墳をつくろうだより』を発行した。これはつくりかたの提案にしかすぎなかった。古墳の設計を現地に落としたりする方法などは驚くほど予定以上にうまくいった。また、埴輪づくりや葺石ふきは自前や参加者がいないときに何度もシミュレーションしたりした。作業がうまくかたちにならないときに私にとってその課題を解決するための最大の先生は、今に残る過去の痕跡であった。実物の埴輪の痕跡、実物の葺石のふき方、やっぱりその方法だなとか、そういったものとの会話があった。

　さて、最大の醍醐味、プロセスで起こったことを1つ紹介する。

　墳丘にたとえ一周まわすだけでも80本が必要だった埴輪。結局、つくってから1か月乾燥させることができたものは70本ほどである。それらを炎天下のもとグラウンドの片隅で焼いたのだが、瞬くうち、10分ぐらいで2tトラック山盛りのまきが燃え尽きてしまった。それと同時に、ほとんどの埴輪が爆発してしまった。その時、参加小学生の1人は「これじゃ、古墳に埴輪が並ばない。もう一度つくろう」とも言った。この時、今回のプロジェクトに残された時間はなかった。その後、秋にもう何本かは足そうと言うことで地元の大宝小学校

の6年生といっしょにつくり足した。

未完成の品々

　近つ飛鳥はこの春から未完成の品々を数多く生んできたように思う。そのなかで、やはり、おろそかになっていたのがアウトリーチ・プログラム。そこで次のような姿勢でその手がかりを得ようとした。

　・学校プログラムに関する考え方

　博物館が学校に出向く場合、その博物館の固有のテーマに対して特定の興味を持つ児童・生徒に限定されることや担当教員の趣向に引きずられることが多い。そうした状況は、現状の限られたスタッフと時間を考えると必ずしも効果的でない。対象児童・生徒が非常に限定されるからだ。そうした対象がなければ、出向く必然性もない。その際、校外学習プログラムでの博物館側の有効な提案と学校の授業進行との連携をより密にする必要がありそうだ。学校授業として考える場合、博物館固有の素材を教室にもってくると、児童・生徒の反応は授業をはじめる間口でその博物館がもつテーマに対しての興味に左右される。つまり、テーマによっては授業をはじめる前から拒否反応が起こる。

　この観点から、学校の授業のなかで博物館がアウトリーチを行う場合、歴史博物館ならその内容が単に歴史にとどまらない、博物館の展示品や展示テーマにとらわれずに、そこから派生するだれもが参加可能な間口（もちろん実際の博物館での利用は展示品とのリンク性が生かされなくては、わざわざ校外学習で現地に赴くといったことが有効に働かない）、そのクラスの児童・生徒全体が関心をもつようなテーマ・プログラムづくりがまず先行してもよいのではないかということになる。そして、結果としてその博物館への見学の必要性が見出された場合、その利用方法について学び、有効に利用する手だてを学校・博物館の双方が探る。現状の児童・生徒の意識を考えると、両者はまだまだ、そういった段階であるような気がする。

　つまり、まず博物館の学芸員も学校の児童・生徒も関心の有無に関わらず、充実した授業時間をすごすことに重点を置きながら、それぞれの博物館に最も見合って、そしてだれもが参加できるアウトリーチ・学校プログラムを模索する必要性を感じるのである。

　以上、博物館の存在、授業に対して退屈でなく、考えてみようとすること、

その内容がクラスのほとんどの共通の事項であること、そこからの出発。博物館の中身が問題でなく、まず博物館の存在を知るところ、何をするところかを考えるところから、やはりアウトリーチははじめるべきで、同じことは小学生が訪問する博物館以外の施設でも言えることではないだろうか。

　つまり、プログラムについてのテーマ設定はどのスタンスで共通言語と考えるか、それは今からの、その都度、新たな出発点でもある。

　そのアウトリーチでは、博物館近くの小学校に出向き、アメリカ合衆国ニューヨークにあるブルックリンこどもの博物館の「グローバルシューズ　プロジェクト」のプログラムをマニュアル通りに日本で私たちなりに実行するとどうなるのか？　を試みることにした。ワークショップのあとは鍬形石や銅印を入れた近つ飛鳥工房のブラックボックス・コーナーを展開した。

　そして、9月中心の前半戦終了後、10点の絵をブルックリンに送る打ち合わせをしているときに、近つ飛鳥博物館で小学生の絵のワークやそのようすを「クツがしゃべったなら―こども地域論とものとの会話―」という雰囲気の展示会を1999年の夏にしようということになった。そこでもう一度、それぞれの個と集団、特殊性、共通性を比較、確認、しゃべりあう場を設けようと。さらにそれらに伴った昔のクツの展示やいろいろなワークショップなども。一連の流れで、自然発生的に次々と企画を積み上げていった。

　その後、11月中心に行った後半戦の小学生からの感想の一部も紹介する。

　「くつになって考えるとき、少しまよった。でも、もし自分がくつだったらと考えると、すらすら頭にうかんで描けた。くつを思いうかべると、外に出て遊んだりするときは、必ずはくものだと、まずうかんだ。近つ飛鳥の人がいろいろ質問したり、みんなの書いた文を発表してくれたり、ほんとうにいろいろなことをしてくれて、おもしろかったし、楽しかった。今日描いた絵が近つ飛鳥博物館に、展示されるなんて、思っても見なかった。すこしはずかしいと思った……なかに入っているもの（ブラックボックス・コーナー）の答えでは、むかしの人はかなりの知恵をもっているんだと思いました」

　「……歴史にかんけいがあるのかなぁと思ったけど、実際にはあまりかんけいはありませんでした。『くつの気持ちになって』と言われて、私は一番最初に思ったのは、『まわりの物はでかいなぁ』とか『ひろいなぁ』しか思わなかっ

たけど、考えていっているうちにいろいろうかんできました。正直言って私は、感想文とか書くのが苦手だから最初はいやだったけど、自分のくつのことを見たり考えたり、外に出て空を見たりしているうちにだんだん楽しくなってきました。そして絵を描いているときは、なんとなくほかのことを忘れて、その絵を描くのに一生けんめいになっていました。またほかの物のことも考えてみたいなぁと思いました」。

「……『自分がクツの気持ちになって描く』という意味が分からなくて（どうすればいいのかな）という気持ちでなやんでいました。でも、先生の話を聞いて、その意味がよく分かってきました。（そうか、クツにだって、人のことを考える心を持っているかもしれないんだ）と。私は、これからも、自分がはいているクツについて、どう思っているのか。を考えていこうと思いました。」

「出前授業の中で一番自分のためになったのは近つ飛鳥博物館に置いてあったハテナボックスの中身とその道具の説明がおもしろかったです。黒板の一番下に描いていた先生がうでにはめていた物、ぼくは穴の所に手をはめて草をかる物か戦うときの武器かなと思いました。はんこの文字がとても勉強になりました。」

結局、18校、32クラス、857名の参加の旅であった。

これまでの「展示見学」。それは、説明を聞いて、予備知識を持ち、その現物を確認するといったものだった。しかし、こうしたいわゆる単なる前知識だけでなく（この前知識自体が展示品に接することへの拒否反応をその時に生んでいる可能性は大いにある）、その現物の何かについての五感を使った観察の仕方、使い方、つくり方、考え方、広がり、疑似追体験などを通して、物を観ることのピュアな感性をみがき、驚き、新鮮さと豊かさをトレーニングするという博物館展示の見方を導入へという方向を示していたように思う。

1998―春を終えて

長かった特別展示の間に展示室のようすもはじめの頃とかなり変わった。会期中におこなった運営協議会でも、こういう特別展をまたしたらどうかという声も聞かれた。しかし、これは区切られた期間が過ぎたということだけだったのは上記したごとくである。

今回の特別展はこどもたちを中心に特に好評だった。ただし、今までの特別

展示の空間と比較すると、彼、彼女らは何を見ていたのだろうと思うほど。しかし、全体の入館者数からすれば、かなり減り、かなり客層の違いもあった。歴史好きの人から避けられていた感じもする。

　この特別展を難しいという人が多かった。理由を聞いてみると、必要以上に深く考え込んでしまうことと、展示での問いかけ（展示の解説はなく、これを見てどう思うかといった仕掛け、案内サインになっていた、またリーフレットの1ページ分はこども用の文章にして○○と思う？　方式にした）に答えがないことに不安なこと、考えるのが面倒くさいことなど。そういう人たちのために、歴史博物館が存在する理由もあるのかもしれないとも思った。

　何か答えが出たのか？　何も出ない。答えの出る人生がないのと同様に。完成された「かたち」、結論なんてあるわけないだろう。やはり、そこが私にはおもしろかった。

　インターネットで全国のこどもたちからきた古墳に関する質問を集約して『こふんなぜなに教室』というQ&A式の本を出したが、すぐに答えがある本が出たら古墳がおもしろくなくなったという人がいた。

　展示で答えを逐次、出そうとする。そうしたことは、これからの展示や博物館での展開、大げさに言えば人生や…いろいろなことですぐさま結論のでることでもないだろう。

　この特別展は、1つ1つがまとまっているかに見えて、各々が新たな課題を蓄積させていった。

　近つ飛鳥博物館で1997年度から課題とした展示と有機的につながるインタラクティブでメンタルな博物館活動。体験してから見るか、見てから体験するか、刺激の受け方は人それぞれである。体中で感じることが最大の刺激であることは言うまでもない。

　ともかく、今回「かたち」を共通言語にした特別展で、いろいろなことをおこなってきた。かたちの豊かさからその内面、そして内面からかたちに―。その間、ガラスケースをみる派、腕を組んで難しそうに話を聞く・話す派、部屋の中で工作をつくってお持帰り派、外で活発に身体を動かす派、動物や自然に触れる派、何となく派など、いろいろな博物館派が見えてきた。館内外でいろいろやってみないと自分自身の博物館すら見えてこない。なかの展示に対して

も。

　どの派閥がいいのか、とんでもない、そんなのを選ぶより、もっとあっていいんじゃないか。いろいろな派閥の中での基本言語が博物館に常設されているものになれば。それに近づくために館内外でインタラクティブな様々なしかけの間口を拡げていく。それ自身が展示解説装置でもある。

　インターネット派も含めて、学校待ち伏せ派もできるといい。

　博物館活動ファンを求めて……。

第7章 | 展示と行政評価

琵琶湖博物館のエバリエーションから

　財団法人や公的基金の多い日本の博物館の場合、行政改革の波に相当な影響を受けるのが実情と言える。これら団体の運営・事業主体側が一方的に活動を行うことはかなり難しくなった。一定の組織に社会的な判断を下す、組織と社会との間で相互理解を深めようとする場合に、「評価」という方法がある。しかし、日本の場合、その組織の社会的影響力や使命といったものを前提とせず、一方的な評価を結論的に下すことも多々見うけられる。

　ここでは、そうした評価の方法で、博物館についてのあり方を掘り下げて見直すことで、組織が成立する意義も考えてみたい。そもそも博物館の展示や活動自体が資料重視型（オブジェクト・センタード）から利用者重視型（クライアント・センタード）に変わり、核となる自らの活動そのものも自己診断する必要性が生じているからである。

　最も根幹に関わる基礎的な業務・作業レベルであったとしても、その評価というものが第三者だけのものでなく、自らの展示・活動、ひいては事業全体を見通しての計画改善や使命といったものに問いかけ、さらに見直しをかけ、その影響力を自己判定し、確認するのである。自他にかかわらず評価は結果論だけではなく、それ自体のプロセスの中で「試み、見通し、目標を達成する」ための有効な手段となる。

　博物館において、2000年度から本格化しているものに展示評価がある。2月24〜27日には滋賀県立琵琶湖博物館他主催「博物館を評価する視点」というシンポジウムとワークショップがあった（琵琶湖2000）。その案内文には「最近博物館の世界では、一方的に展示を見てもらえば終わりということではなく、利用者と博物館とのコミュニケーション成立不成立が注目されている。その流れをくんで、展示評価や来館者調査などが行なわれ、利用者の側から博物館を見つめる視点が重要であると考えられるようになってきた」とある。

このときはアメリカ合衆国の来館者研究に携わるエバリエーターであるブライアン・マクラーレン（コロンビア大学自然史博物館）、ミンダ・ボーラン（フランクリン科学博物館）、ロス・J・ルーミス（コロラド州立博物館）を中心にワークショップが進められた。

　ここでは、展示評価、ひいては「評価」の本質にまず触れるために、彼らの講義内容の一部を簡条書きに記しておく。

1. 展示評価の諸段階—評価に使われる段階は主に３つに分かれる（図11）。

　　a, 企画段階・企画段階評価→見る人の知識と関心、展示テーマ・内容

　　b, 準備段階・製作途中評価→５つの力（引きつける力、保持する力、手順の力、コミュニケーション｛教育的｝の力、感情的な力）、順序の決定、サイン

　　c, 設置後段階・批評的評価（1、修正的評価（2、総括的評価（3→（i, 専門家による展示のレビュー、（ii, 設置後の問題を解決する、（iii, 人の流れ、利用者による使い方、態度、関心、学習

2. 展示評価の特質

　　a, 製作途中評価（Formative Evaluation）とは？

　段階評価のうち、展示デザインと開発プロセスで最も重要なものは製作途中評価である。

　方法として、それぞれ展示開発の過程の一部、利用者の反応に焦点をしぼってとらえる、展示デザインと修正を導くための情報を得る、個人的印象によって判断、評価、批評する傾向を制限する１つである。

　手順として、何が「成功」と見られるかに同意を得るための１つである。

　　b, 研究と評価の違い−研究と評価については類似性として、データ収集法、客観的妥当性・信頼性・有効性に配慮という強制があるが、以下のような差異がある。

	研究（Research）	評価（Evaluation）
主題	概括的な原理	具体的な問題
証拠の基準	厳格なもの	融通がきくもの
サンプルサイズ	大きい、代表的	小さい
利用者	広範囲に利用できる形で発表	利用者の使用に限られる

　したがって、研究と評価は研究者と第三者とではその性格が正反対に分かれ

る。近年では学校も博物館も評価の対象となっている。

3. 展示評価のための調査方法—評価をおこなうために、さまざまな調査方法がある。

　a, 評価尺度の種類

　(1, 記入調査（書面でのアンケート調査など）

　(2, 個人による段階評価—専門的、批判的、（5段階評価など）

　(3, インタビュー（決まった質問、会話風）

　(4, 行動の観察—ルート、（立ち止まった場所・時間など）

　(5, 達成度テスト—標準化、（科学や美術に関する内容）

　(6, フォーカスグループ—6～12名、インタビュー、（企画段階に多い）

　(7, 特別調査—ニーズを満たす

　b, サンプル化の問題

サンプルをどのようにとって評価するかは重要な問題である。まず、母数の定義は「来館できるすべての人とは誰か」である。(cf. 個体数を無視、サンプルのサイズ、サンプルを取る手順（ランダム・サンプリング、任意サンプリング）、反応率など）。

　ｃ, ゴール対目標

すべての展示は明確な「ねらい（ゴール）」と「目標」をもたねばならない。ステイクホルダー（第三者）はそれに納得しているか。ゴールは、目標の概略を表す。目標は、測定できる結果を明確にする。

　この設定に対する重要な疑問としては、ゴールや目的は展示を行なう側のプログラムの意図を反映しているか、出資者はそのゴールと目的に合意しているか、そのゴールと目標は現実的かということになる。

4. 展示評価の具体例

　a, 行動の目的　Behavioral Objectives － 1つの目的は3つのパートに分かれる

　　(1, ターゲットになる利用者は誰か（cf, 年齢、言語）。

　　(2, 利用者は何をするか。どんな状況下において、その行動は起こるか（cf, 行動（何秒止まる？）、言動、質問 vs, 回答）。

　　(3, パッシング Passing とは何か。来館者の合格でなく、展示に対して。

b, 製作途中評価；基本ステップのアウトライン

(1, ゴールと目標を決める。

(2, 展示するもののモックアップ（模型・試作品）を用意する（安価な材料）。

(3, 利用者のデータを集める（土台になるもの）。

(4, 結果を予想と比較する（まず、間違いなく変更）。

(5, モックアップを改変する（テストしなければ分からない）。

(6, さらに多くの利用者データで再テストする。

(7, 変更を最終的に展示の中に組み入れる。

c, トラッキング（追跡）　Visitor Tracking

トラッピング（交替要員）―実際には、3 人毎のなどのシステムをつくる。利用者数による。サンプリング、最低 500 件。

調査に関しては表示する。

野外の場合―地域毎、交差点毎などの行動やカメラの設置→人の流れ。タイム・スタンピング→通過箇所でチェック

琵琶湖博物館ギャラリーCの実施例（図 13）

(1, 展示室の主要部分を通過する動きで、利用者がとるルートに関心をもつ。
　　・ルートとり　・ストップ位置

(2, 利用者がとるルートの痕を線上に矢印を入れつなぐ。利用者が止ったところでマップに×を付ける。(Cf. 利用者の移動コース（Stop ＝ × Go to ＝→))

静止時間はつけない。展示室の入口からスタートし、利用者が展示室から出るまで観察する（cf. 時間記録、性別、大まかな年令、団体かどうか、特徴・どんな展示を見失っているのか？センターのクライマックス展示を見たか？見逃しをどう防ぐか？）。

観察は団体であったとしても1回につき1人だけに限る。

利用者が男か女か、概算した年齢、個人か団体か、自分のマップに記録する。

(3, 利用者が展示室の中央に行ったか、そこでいくらかの展示を見たか、いかなかった場所はあるのかといったことを知る。

(4, 1・2回の観察時期の各々を通じて、2つの観察を完成させる。

(5, 1回目の観察の分析後、利用者が展示室の中央展示に確実に行き、見過

　　ごさないようにするための議論をする。いくらかを変えた後、再び観察
　　をする。

　注意事項については、利用者に感づかれたり、不快感を与えることなく観察
しなければならない。作業上の注意は、密着してつかない、展示についてのノー
トをしながら見たり視野の外で利用者を見る、時々利用者の前に出たりしつね
に後ろからの観察ではだめであり、利用者と同じ場所で行動するだけでなく見
ることができる場所をはずして探す、観察をするときは名札を外す。観察の際
に利用者に気づかれたと思ったなら、観察を止め、他の人が入ってくるのを待
つ。利用者に観察のことを聞かれたら、展示改良のための研究を行なっている
と言い訳する。もし観察に関して大変関係すると思えるなら、博物館のメンバー
はいっしょに利用者と話すことができる。

　マップの分析方法は、ストップを数える→ホットスポットはどこか、セク
ターに分割→利用者はどのセクターに何回入ったか、入口マッピング→利用者
は中央に行くためにどの入口を使ったか、パターンマッピング→展示室の巡回
パターンは何か（各々の違い、利用客の通過、通常と違うパターン）などである。

　こうした製作途中評価が、展示開発に伴う典型的なスタイルである。ここで
は数値化をめざしており、評価尺度化するという問題は大きい。ほかに、記入、
インタビューもあるが、この場合、利用者の承認はその行為そのもので取りや
すいが、例示したトラッキングという方法はその人権及び行動に対する阻害や
誘導につながる形態であるので特に注意が必要である。ちなみに、利用者の反
応はジョン・H・フォーク、リン・D・リアーキングのものが参考となる（ジョ
ン 1996）。

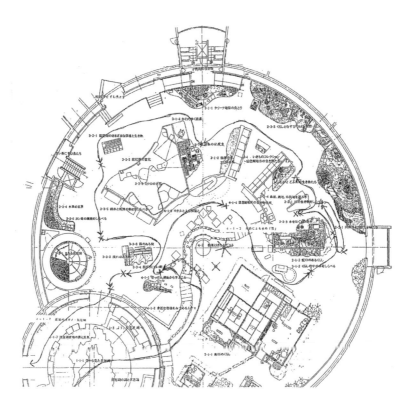

図13　琵琶湖博物館ギャラリーCのマップどり

博物館に対する行政評価

　2001年3月16・17日に、東京都江戸東京博物館でおこなわれた『博物館における評価と改善　スキルアップ講座』のようすとそのあり方はこうである。

　この講座はワークショップ2日間日程の中にセミナーが半日含まれ、展示のみならず博物館に対する行政評価をも組み込んだ内容になっていた。以下にセミナー、ワークショップの順に報告する（プランニング・ラボ2001・村井2002）。

　セミナーは「博物館評価をめぐる状況」、「博物館におけるマーケティング・リサーチの導入」、「行政評価の戦略的活用」、「学芸員として私の実践する来館者調査」、「公開討議」の順に進められた。

　ここでは利用者重視型（クライアント・センタード）に着目して、講演された内容を見る。

　「博物館評価をめぐる状況」は、行政側として政策評価に重点が置かれる。東京都のホームページにある「監理団体改善実施計画－監理団体総点検結果－」、「平成12年度行政評価制度の試行における評価結果報告書」の表は多くの興味ある内容が盛りだくさんあるわりに簡潔で見やすく分かりやすい。そのなかには、文化施設の運営において「入場料等でまかなうべき範囲の経費については基本的に入場料等で回収するものであることを念頭に置いて入館者数等の目標を設定していくべき」とのきびしい第2次評価があたえられているものもあった。

　こうした削減を意図した行政改革について、あとで「行政評価の戦略的活用」を講演した上山信一さんは「削るだけが財政再建ではない・・サービスと生産性の向上を目的とした経営改革・・重要な部分を削ると民間は倒産する・・削ろうとする相手に対して当事者が難しい議論をする必要はなく、他者の評価に委ねた方が戦略的に有効である・・○○館と呼ばれるものはどれもいっしょで・・民営化を前提として建設したものでないものを、いきなり民営化して営利の追求を求めるのは筋違いである」と述べる。また、ニューヨークなどでおこなわれた市民サービス機関に対する評価を通して、こうした公的な役割をもつ機関は法外なお金を利用者に要求することは難しいという。

　さて博物館評価の面では、佐々木秀彦さんが館のミッション（使命）を重視する。ただ、私にはそれが館を軸とした長期的なものに傾きがちのように感じた。というのは、利用者重視型へのアウトカムの方向性をもつとするなら、目標の明確化はまず短期的に利用者に多くの情報を提供して啓発活動することからはじめ、それが行政評価をも含めた社会的要求となれば、それそのものが強固な博物館の立脚基盤の1つになるはずである。となれば、それら評価はミッションの柱となる機能・経営的側面と同様なウエイトで利用者が重視されるべきである。館、利用者、取りまく社会を含め、より総合的にバランスのとれたミッションを志向し、博物館の活動と運営を積みあげていかなければならないと思えた。

　上山さんはミッションに関連して、主に予算といった資源投入のインプット

から入館者数といったアウトプットを経由して、最終的に入館者などにもたらす効果としてのアウトカム、新政策などを打ち出すミッションというプロセスがあるとする。最近では、さらに実質的な効果以上に、影響力・感化をうながすインスパイアーが重要視され出しているともいう。

　評価についての話は多岐にわたったが、行政的に利用者の立場からみた評価をミッションにつなげていく方向は充分に感じられた。すなわち、評価を試みる、評価を受けるということは、現状に甘んずることなく行動を起こし、ミッションを明らかにし、その都度の社会に適合し、一定の役割を果たし、影響を与えることをめざす姿勢をその社会に対して示すことになるであろう。

江戸東京博物館でのワークショップ―展示開発に伴う検証法

　ワークショップの方は、先の琵琶湖博物館の製作途中評価にも似た修正的評価の実践につながるものである。江戸東京博物館の展示室にまんべんなくふりわけられた９パートの対象展示物からチーム分けされた（図14）。

　ここでは体験展示資料である「３．肥桶」チームのようすを述べる。その展示物の基本案には、定点からの動線調査、コミュニケーション効果・操作性・会話の採集、追跡調査、その後の個別インタビューが提案されていた。メッセージは「肥が江戸の都市と農村を結ぶもののひとつ」であった。展示物はオウコの両側に桶がつるしてあるものでなかに肥が入るのだが、問題点として、実際の動作は担ぐだけで、なかをのぞいたとしても小学生にとってその中味の意味がわからない。また、この展示品と関係する実物資料は、「江戸と結ぶ村と島」のコーナー中央よりにあり、両者を比較することにはかなり無理があった。また、江戸との舟を利用した肥の運搬の関連展示もはなれたところにある。この体験装置は博物館開館後に新たに設置されたもので、展示ブース脇に本来の展示に差しさわりのない範囲で置かれたという印象はぬぐい切れない。そうした全体デザインとしての長期的課題がまずある。ただし、周囲の開館前に練られた展示ブースのデザインからかけはなれて浮いている分、アイキャッチ性はあり、改良する余地も多く潜んでいた。

　こうした状況でまず、「江戸と結ぶ村と島」内での「動線、利用度のカウント、認知度、コミュニケーション効果の聞き取り、メッセージ性のインタビュー」といった４つの調査方法を基本とし、短時間でチームの４人が各方法を回る方

式をとった。つまり、カウント、動線、聞き取り、インタビューを手がかりに利用者観察によって状況把握した。

　1 日目、数取器によるカウントは、まず展示品を通過しそれに注目したかしないかという 2 種類（34：75）。3 人に 1 人の比率である。周囲の展示コーナーをながめたところ、この注目率は壁伝いの実物資料や解説パネルに比べて、かなりの効率である。また、展示種類別に利用者が集まる傾向は、模型、模造、実物の順であった。展示物が体験装置であり、空間が広く、入館者が多く、装置に関わる滞留時間といった面から考え合わせても妥当なカウント数と言える。観察後の話し合いでは、体験装置ということを重視し、触れた人の行動確認がまず優先されるべきということになり、それを追加した。動線については、「江戸と結ぶ村と島」のタイトルサインからはじめたが、壁伝いの利用者のみの観察になることから範囲を拡大した。聞き取りとインタビューは、その聞き位置、立ち位置があまりにもあからさまに観察者が展示物の前後に待機していたことから、利用者の自然な行動観察が阻害されたことに問題があり、工夫することにした。全体に観察の基本ルールと思考方法がこのワークショップの初期段階ではしょられたきらいがあり、心構えをここではまず決定するというロスタイムがあった。

　動線は観察範囲を拡大し、カウントは項目数を増やし、聞き取りとインタビューにはその観察位置を工夫した。2 日目の 10:30 ～ 11:15 間は、おそらく午前中 2 時間で見学をすまそうとする団体のまわりはじめが多い傾向にあったが、動線はコーナー自体を通過しない、案内サインの左を通過する、壁伝いに通過するという 3 パターンに分かれた。カウント値は、触れる：観る：通過の値が前半 10：32：28、後半は 5：19：21 であった。その間、担ぐというパフォーマンスをスタッフが行ってみたが、取りたてて変化はなく、あえてフロアースタッフを設置する必要性はないと判断できた。また、装置そのものの安全性も高い。11:15 ～ 11:40 間は団体が一段落して個人が増える傾向があったが、カウントは 10：23：34 であり、あまり変化はなかった。

　ここで、行動観察を一端打ち切り、コミュニケーションを発生させること、ボディランゲージをつかむことへの評価をおこない、解決策と即効的な改善策を話し合った。まずは肥桶装置の操作性に問題が内在する。それ自体には覗く、

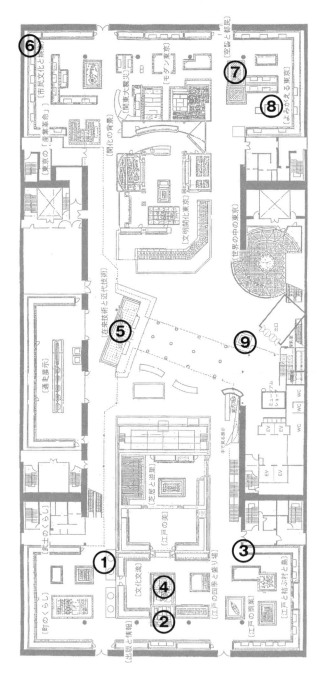

図14　展示の評価・検証と改善　対象展示物と各調査方法
佐々木秀彦・村井良子　2001 より作成

1. 木樋（実物）

■江戸の水道に関連のある展示が効果的に伝わっているかを検証

①～④観察法（追跡調査）→個別インタビュー
・サンプル抽出のルール：5人にひとり
・木樋、町の構成、水道の模型の関連性（町の暮らしゾーン内）
・どういうルートで、どの展示にどれくらいの時間をかけて見ているか、どんな会話がなされているかを追跡調査によって検証
・何に使うものか、何の展示であるか等を聴き取り

2. 絵草紙屋（実物大復元模型）

■絵草紙屋の役割が効果的に伝わっているかを検証

①②観察法
・定点からの動線調査
・出版と情報ゾーンに入るところと出るところ
・来館者が見ている向きなどもチェック

③観察法
　絵草紙屋の箇所でコミュニケーション効果や来館者の満足度などを観察（会話も採集）

④個別インタビュー
・ゾーン内の展示の関連性や絵草紙屋の印象などを聞き取る

3. 肥桶（体験複製資料）

■肥は、江戸の都市と農村を結ぶもののひとつ。その重要性が伝わっているかを検証

①観察法
・定点からの動線調査

②観察法
・肥桶の箇所でコミュニケーション効果や来館者の満足度、操作性などを観察（会話も採集）

③④観察法（追跡調査）→個別インタビュー
・サンプル抽出のルール：5人にひとり
・追跡調査で注目、体験、解説を読んだかをチェック　会話も採集、動線や滞留時間も検証。
・メッセージが伝わっているかを聴き取る

4. 両国橋西（1/30 縮尺復元模型）

■細かい表現を生かし、江戸の盛り場の特徴が効果的に伝わっているかを検証

①②観察法
・ビデオ設置場所、双眼鏡設置場所でコミュニケーション効果や来館者の満足度、操作性などを観察（会話も採集）

③観察法
・追跡調査によって、模型周辺の動線や模型の注目点や観覧時間などを検証

④個別インタビュー
・ゾーン内の展示の関連性や模型の印象や場面設定などについて聞き取る
＊双眼鏡は当日のメンテナンス状況などによって設置数などはことなる。

5. 在来技術と近代技術（実物資料＋パネル）

■展示物やパネルの配置などがテーマを伝えるのにふさわしいものであるかを検証

①観察法　・定点から動線の検証

②観察法　・追跡調査によって、個々の展示物への注目や観覧時間、解説文を読んだかなどを検証
　　　　　・サンプル抽出のルール：2人にひとり

③観察法　・パネル展示の場所で、コミュニケーション効果や来館者の満足度などを観察（会話も採集）

④個別インタビュー　・どのくらい情報が伝わっているか、満足度などを検証

6. 電気館（1/10 縮尺再現模型）

■電気館のメッセージが伝わっているかを検証

①②観察法
・追跡調査によって、動線、各展示の注目度（観覧時間）の検証の他、余力があれば会話も採集

③観察法
・電気館の場所で、コミュニケーション効果や来館者の満足度などを観察（会話も採取）

④個別インタビュー
・電気館はどんなところ、大正から昭和はじめの盛り場ってどんなところだったかが伝わっているか、他の関連展示とのつながりなどについて聴き取り

7. 戦時下のすまい（実物大復元模型）

■戦時のすまいの工夫などを伝わっているかを検証

①観察法
・定点から戦時下のすまいの周辺の動線の検証

②観察法
・追跡調査によって、昭和の3つの住まいをどう関連づけているかを検証
・観覧ルート、観覧時間をチェックし、会話も採集

③観察法
・戦時下のすまいの場所で、コミュニケーション効果や来館者の満足度などを観察（会話も採集）

④個別インタビュー
・戦時下の住まいの工夫に関する項目をあげ、気づいたものの数や印象を検証

8. 輪タク（体験複製資料）

■戦後、代用品の時代。当時のくらしの工夫が伝わっているかを検証

①観察法
・追跡調査によって、よみがえる東京ゾーン内の動線、注目している展示物などを検証。発話も採集。

②観察法
・輪タクの場所で、コミュニケーション効果や来館者の満足度などを観察（会話も採集）

③観察法
・注目、体験、解説文を読んだかをカウント

④個別インタビュー
・輪タクとはどういうものか、他の展示との関連性について、よみがえる東京ゾーンの最後の場所で聴き取り

9. 江戸東京を掘る（実物大再現地層模型）

■模型の見方や意味が伝わっているかを検証

①観察法
・定点からの動線の検証

②観察法
・模型の近辺で、コミュニケーション効果や来館者の満足度などを観察（会話も採集）

③観察法
・追跡調査によって、模型（4面）や資料の注目度や観覧時間、解説文を読んだかなどを検証

④個別インタビュー
・どのくらい情報が伝わっているか、満足度などを検証

127

担ぐ、歩くという３つのアクション性があり、それらは覗くで桶に何が入っているか、担ぐで重さと何に使うのか、歩くでどこに運ぶのかといった疑問を誘発させることができる。それが可能なら、「肥」というのものをまず認識し、どう利用・リサイクルされて、それはどことどこの関係なのかといった内容とそれらに伴うコミュニケーションを発生させ、利用者各自の思考のプロセスを切り開く可能性が考えられた。

　ただし、この場で歩くという行為は現状で難しく、空間構成も含めて長期的な課題となった。また、観察の結果で担ぐという面は、桶の中味とは無関係にウエイトリフティングのように持ち上げ、重さを感じる役割を果たすだけの側面が強かった。これでは、前にある「江戸の商業」コーナーのはじめに置かれる「千両箱」を持ちあげることとあまり大差のない体験である。また、車椅子の利用者の参加を難しくしていることも気になった。

　そこで、即効的にはまず中味が何なのかということに、アクションを絞ることにし、のぞき込む要素を強めた。そして、コーナーそのものに立ち寄らない入館者に対しても、「千両箱」（ここにはフロアースタッフがいる）の場所に「肥桶」の案内板（フロアー中央よりにある実物にも目が向くことを期待して）を設け、体験装置そのもののリンク性を高めることにした。そして、中味を確認した後にそれはどうなるのかということに関してリサイクルを強調し、町と村の往来、ネットワークがあったことを示唆することにした。

　同時に出た中長期的な課題は、桶をあげると何らかの反応（例えば、肥が野菜に変わる。桶の下にリサイクル・運搬場所のヒントがあるなど）の仕掛けを設ける。また、こどもと桶の関係で、桶の下に貼り付けられたクッションの厚み分が微妙にじゃまになり、もち上げることができないことから、それをベースの中に埋め込んでしまうなど。

　さて、当日に改善可能なものとして、モック・アップを使って実行したものには、千両箱の場所に次の肥桶の案内サイン、桶蓋の把手に「臭うかな？」の小さなサイン、オウコに「見て！」の大きな目玉サイン、肥桶の後ろの床に平置きした「ウンチと大根の絵及び、町と村との文字の間に、リサイクルマーク」をつけたグラフィックサインなどがある。

　再検証のための観察を試みた午後の 14:05 〜 15:08 の間、カウントは触れ

る：観る：通過が 28：81：130 であり、あまり変化がない。しかし、前半は
オウコに目玉サインを貼ったため担ぐ人はいなかったが、触れる人のほとんど
が覗くという行為に変わり、中味を確認しだした。そして、「臭うかな？」の
コピーも手伝って、聞き取りの所見では圧倒的に入館者同士のコミュニケー
ションを盛り上げる結果につながった。しかし、その話題は肥を起点に展示以
外の様々な方向に拡散して膨らむ傾向があった。

　この状況から、次のレベルでのカウント方式は、触るだけ、覗く、担ぐの
3 項目の数字的な変化を確認した方がよさそうであり、また、肥桶の体験的
な側面を当初より重視するならば、この項目に絞ってはじめた方がよかった
ことになる。この時点で到達したことから言えば、大まかなデータは目標に
一連の流れを与える設定をする時点でほとんど意味をもたない場合がある。イ
ンタビューの結果の方は、「中味、用途」の理解は午前中が半数だったものが
100％に上がった。解説を読む人も半数に。

　この観察途中で、「担ぐとリサイクル」に対しての「気づき」にも誘導する
ために、オウコにつけた目玉サインをはずし、後ろのグラフィックには野菜を
運ぶ姿と肥を運ぶ姿を足した。複数化した体験そのものは、午前中の担ぐだけ
でなく、同時に桶の中を覗く行為が確実に加わっていた。インタビューの方は、
千両箱でのサインに注目する入館者が見られたので、そのサインを見てから来
たかどうかを加えたが、半数ぐらいであった。

　以上が「肥桶」での行動内容であった。他の関連展示品とのリンクとそれに
伴った肥の展開と利用、江戸時代という時代性を感じさせることが、聞き取り
やインタビューからは生まれてこなかったことが今後の課題である。

　この江戸東京博物館でのワークショップ並びに展示評価は、入館者と展示
物の多さから、非常に短期間で効率的に、それぞれの試験、シュミレーショ
ンができることが強く印象に残るとともに、このことは多人数でもって、利用
者を中心としてかなり掘り下げた展示開発・評価調査が恒常的に行えるよい
フィールドになると感じた。

　これまで主に紹介した製作途中評価、修正的評価で確認できたことは「ゴー
ル」と「目標」を指し示し、それを行動観察などすることを通じて検証するこ
とで、ねらいの達成が確認できることや問題点が浮き彫りになり、その現実的

な解決策に如実にせまれるようになる。

　そのときのアイデアは、評価尺度を用いた調査結果に多分に誘発され、加味されている。こうした経験則からすれば、製作者が単独で完成にまで及び、それが評価を経由せず加え、その後の修正が困難な場合、その製作物そのものは社会的な受け皿を失いかねない危険性をはらんでいると言うことになる。

弥生文化博物館展示の利用者行動観察（図15 ～ 17）

　関西大学「博物館実習」では、この10年間は、「展示開発ワークショップ」（pp.83・84に関わるもの）をしたのち、「製作途中評価」の内の「利用者の行動観察」実習を実施している。さらに、2010年代後半の展示開発にかかわる授業は、春に行動観察、秋は大学の実習展の直後に、実習で得た教員の講評をもとに「自己の展示点検」の話し合いと春に調査した観察の「展示評価と改善」をするプログラムを加えた。

　実習では、2013年11月24日、2014年7月6日、2015年6月7日の3年間、連続で弥生文化博物館にご指導ご協力をいただいた。予期せず、2015年3月に弥生文化博物館は常設展示室の一部をリニューアルした。つまり、リニューアル前後をこの実習では行動観察で立ち会うことができたのである。また、2014年は特別展会期ではなかったが、その前の秋季特別展、今年度の春季特別展を調査できたことから、それらを相互に比較するデータも蓄えられた。ここでは毎年、観察者である履修学生が入れ替わり、量も質も不安定な調査条件とはなるものの、この間の博物館のおおまかな展示フロアーにおける行動変化の推移を考える上で一助となるデータが呈示できると考える。

　１．利用者行動観察の位置づけ　展示開発のためには、マーケティングやリサーチは必要不可欠であり、人をひきつける接点を見極め、その展示プランについての確信を得ることが重要であり、展示の自信につながる。とはいうものの、実際には、自分では完全だと思ってプランした展示計画が、いかに利用者からスルーされているかを実感させられるケースがほとんどである。互いがより客観的に、納得できるような、利用者がみる展示について評価（エバリエーション）する。今回の調査は展示の準備段階／製作途中評価に多い行動観察である。これらは、5つの力（引きつける力、保持する力、手順の力、コミュニケー

ションの力、感動的な力）を測ることを目標とし、利用者をターゲットにする
のだが、目的は3つにしぼった。1．利用者は誰か（年齢、言語）。2．利用
者は何をするか（言語・質問・回答）。3．利用者は何に無関心か（展示の合格：
パッシング）である（p.120）。

　2．博物館実習での実施プログラム　こうした行動観察には、サンプルとし
て利用者が必需事項である。アメリカ合衆国の調査実績からすれば、500サ
ンプルで所見が安定するとする。実習内時間では困難な数字だが、それでも、
観察行為そのものは利用者行動を考える上で、いくらかの示唆にとんだヒント
を含むだろう。そして、何よりも実習生が実際に調査体験できるという刺激と
利用者を観察することで思考をめぐらし、違った側面や視野から博物館展示を
みつめることができるはずである。

　2015年6月7日10時00分〜16時00分に行った博物館実習見学案内を
紹介する。班構成は、1組・金曜日、2組・土曜日と大きく2班に分かれる。
授業内の展開について、「見学実習　大阪府立弥生文化博物館のフィールドワー
ク－来館者の動態調査・展示評価調査授業について－と題した説明文を配布し
た（山口卓也さん作成）。授業項目では利用者行動調査を来館者動態調査と呼
んでいる。その内容は以下のようなものである。

　「大阪府立弥生文化博物館は、常設第1・2展示室と特別展示室の3室ある。
今回の調査は、弥生文化博物館来館者の館内での動態調査を行い、その展示評
価の方法を実習する。見学実習「大阪府立弥生文化博物館」のフィールドワー
クは、以下のように進む。

　[スケジュール]　10：00-11：00　ガイダンス、11：00-15：00　調査、
　　　　　　　　　15：00-16：00　報告・検討会
　[調査の流れ]　　調査は、4班に分かれて（班を4細分した）、担当する展示
　　　　　　　　　室でのモニターと休憩・昼食、見学時間を交替しながら行
　　　　　　　　　う。見学時間には、館内施設、展示、館外の池上曽根遺跡
　　　　　　　　　史跡公園を見学。展示室のモニター実施時には、博物館実
　　　　　　　　　習のネームを下げる。
　[担当と時間シフト]　11時から30分毎にシフトする。
　　担当する展示室では、来館者から観察対象を選定し、それぞれの動態を記

録する。観察対象が展示室に入ってから出るまでをモニターする。20分以内に展示室を出た場合、新しい観察対象を再度モニター。観察対象が30分間を過ぎても留まっている場合、延長してモニターを続ける。観察対象が展示室を出るまでモニターし、その後に次の担当展示室に移動して残り時間、その展示室でモニターする。休憩・昼食・見学時間には、各展示室内部の展示物やレイアウトを各自で把握し、来館者の動態がどういう展示に影響されたかを考察する」という主旨である。

　実習生には、第1展示室、第2展示室、特別展示室の平面マップを配布する。そこに利用者の行動、動線を直接観察して、記録にとめるというトラッキング作業になる。これを、それぞれの展示室と年度でまとめたものが図14～16である。トラッキングは本来、交替要員で3人毎のシステムを組むが、ここでは設けずに1人ずつがあたった。マップでは具体的には、展示室の主要部分を通過する利用者の動きのルート取りを要求した。それは「矢印」で示した。そしてストップ位置を「×」で記録する（Stop＝×、Go to＝→）。これはどのような展示を見失っているか、主要展示を見たかなどを調査する。何に無関心かを測定するのである。観察に際しては、利用者に気づかれることや不快感をあたえない。これが最も重要である。そして細部では、密着してつかない。利用者に気づかれたときは観察をやめ、他の人に移る。他に、獲得目的となるものとして、見た目の判断ではあるが、年齢、性別、個人・グループ、ストップ時間、滞在時間、備考・所見を記録した。このデータは実習生の出来にはムラがあり徹底できていないことをお断りしておく。

　3．弥生文化博物館常設展示リニューアル展示の概要　さて、弥生文化博物館は1991年、弥生文化をテーマにする博物館として弥生時代の環濠集落である池上曽根遺跡の一角に建設された。常設展示は「目で見る弥生文化」（第1展示室）と「池上曽根ワールド」（第2展示室）で構成される。

　「目で見る弥生文化」は、「米つくりの始まり」「新しい技術の誕生」「ムラ・戦い・クニ」「弥生人」「交流」「死とまつり」の6項目からなり、実物資料や複製品、映像をとおして弥生文化についてビジュアルに触れることができる。また、「池上曽根ワールド」では、弥生時代集落である池上曽根遺跡の出土資料を中心に展示する。

さて、これら常設展示について、2015年春に「卑弥呼と出会う博物館」を
コンセプトに、リニューアルオープンした。その3つのポイントは、①「卑弥
呼と出会う」コーナーを新設（リニューアルコンセプトの実現：第1展示室）
（図14）②池上曽根遺跡のガイダンスを充実（池上曽根ワールドの充実：第
2展示室）（図15）③より親しめる博物館へ（デジタル機器の配置：各展示室、
体験コーナーの集約：サロンなど）である。

　①はもともと、第1展示室の壁面をつたって時系列に弥生文化の発展段階に
沿って6項目が設定されたのだが、それらのストーリーをつなぐものとして、
中央に象徴的に見る復元銅鐸を置き、利用者が弥生文化を語り合う「弥生プラ
ザ」という広場を設けた。その左壁面上には大画面LEDモニターがあり、弥
生絵画をモチーフにした6つの項目をつないだアニメーションが流れていた。
途中、LEDモニターは通常の動画映像に変えられ、この度は展示室中央に「卑
弥呼と出会う」コーナーに変った。①の展示配置は、古代鏡と同成分の鏡をも
つ再現衣装を身につけた卑弥呼像が展示の中心にある。それをシンボルとし
て、奥に20面の鏡を展示した「卑弥呼と鏡の世界」、手前の壁ケースに復原
食卓や宝石箱を展示した「卑弥呼ゆかりの品々」、左には大型映像「邪馬台国
の女王　卑弥呼」をそなえる。他に、第1展示室入口のグラフィックの変更、
その右奥に「全国弥生遺跡マップ」をおく。

　②については、もともとは、池上曽根遺跡の出土資料と遺跡周囲の大型植生
復原図、そして関西空港の開港に合わせて、その関連工事で発掘調査された資
料と泉州地域の遺跡展示だった。1995年に、池上曽根遺跡の中央から大型建
物と井戸が検出されて話題になったのを機に、泉州地域のものを撤去し、その
井戸と柱の複製が展示された。その際に、展示は大味なものとなったが、今回
は、その池上曽根遺跡のガイダンス展示機能の充実を計った。展示室中央には、
7×5mの大型航空写真で池上曽根遺跡周辺の弥生時代遺跡を表示した「弥生
遺跡マップ」の床面展示である。池上曽根遺跡の発掘調査、大型建物の復元な
ど3タイトルの映像も加わった。展示室中央に上下から見ることができた大型
井戸枠は奥の壁側に移動されたが、低位置からののぞき込みはでき、大型建物
と井戸と壁にある大型写真を背景に一体感のあるようにまとめられた。

　4．展示室の経年推移　2013 ～ 2015年の行動観察は、展示室ごとに表に

まとめ検出した。3年間の全体的な推移をみるために、詳細がわかるものの推定年齢（26〜54才）・ストップ時間（102〜679秒）・展示室滞在時間（5〜37分）の平均、男（41〜73％）・個人率（14〜54％）、11〜15時の観察の内の13時台に展示室に居た利用者（0〜60人）を集約してみた。

　その特徴は、利用者そのものは全体に男女は同じ比率で、各室の利用者数率は常設展示室がそれほど変わらずに、特別展示室に同じような数字で加わる。しかし、特別展を開催していた2013・2015年と特別展後の2014年では大きく異なっていた。利用者数は2015年が2013・2014年の倍になる。秋と春の特別展の差になろうか。春が多い。2013・2015年の特別展期間と特別展のない2014年のものとは、その利用者の構成が大きく異なる。平均年齢は前者が50才前後、後者が26才である。これは個人利用率が前者では半数を占めるのに対して、後者は家族連れが7割となるためである。2014年は行動観察の中盤に第2展示室でモックアップをつくり、展示室への入り込みや井戸などでの展示改善案を実習生が示し、その前後で利用者の動線とストップ位置や時間が変わったかを試みた。それを考慮に入れても、昼食時間帯は極度に少なかった。ただし、2013・2015年は昼から催し物があったという関係もある。さて、ストップ時間は第1展示室が500秒あたりで大きな変化はない。第2展示室は120秒前後で同様である。特別展示室は2013年より2015年が628秒から357秒と減っている。また、滞在時間についても同様な傾向を示しており、第2展示室は観察者から床展示の効果が評価されているが、平均値での時間数は少ないままであった。常設展示室のリニューアル前後の劇的な変化は、特別展示ほどムラがあるものでなかった。

　5．リニューアル前後での変化　上記のことから、全体の数値的な変化は常設展示室ではあまり確認できなかった。それでは実習生の観察所見、記録した動線とストップ位置の集約によるリニューアル変更ゾーンでの利用者の動きなどに、変化が見られるかをみてみたい。

　まず、第1展示室での実習生のリニューアル前の全体の観察所見は、以下の通りである。動線どおりの上から時計回りの利用者は28、他は4である。エントランスと館全体の入口に近いことも手伝っている。まんべんなく見る人が多いが、全体を見ないで退出する人も多い。2014年では壁伝いと中央のプ

ラザ映像で分かれる。出口付近の展示コーナーに立ち寄る、立ち止まらず流し見る人、そもそも立ち寄らずに出ていく人が多い。この途中退場は、メインの見学が特別展や当日のイベントにも左右されると思われる。といったことが特に観察者から指摘された。

　さて、リニューアル後の第1展示室の2015年実習生の変更部分の観察所見をあげておく。入口のグラフィックの変更とその右奥にある「全国弥生遺跡マップ」では、わずかながら効果がみられた。しかし、その向かいの竪穴住居などはスルーであった。ネズミの隠れアイテムが加えられているが、それに目を向ける何らかの仕掛けが必要かもしれない。流れは、第1展示室は全体には壁伝いに見学するのは変わらない。メイン展示の卑弥呼の館の大型模型の人気も変わらない。中央プラザの「卑弥呼と出会う」コーナーは動線が複雑となり、全体に対流する傾向がある。そのため、動線は複雑になったが、ばらけるようにはなった。卑弥呼は周囲から見るが、解説はパッシング傾向にある。卑弥呼を二度見るばあいがあり、この人形と情報ＰＣは効果的である。全体に、プラザ奥側にある銅鏡展示はパッシング率が高く、対面の食卓のケースか中央の人形かという動線の選択肢のようだが、完全にパッシングされるわけではない。大型モニターの映像はあまりゆっくりと見る利用者がいない。

　ゾーンでの動線変化はいかがであろうか。特に、図を参考にすると、入口のパネル前でストップが増えている。「全国弥生遺跡マップ」もストップが増え、竪穴住居とのストップと合わせ、クランク状の歩行軌跡となる。①の展示室中央の「卑弥呼と出会う」コーナーは、全体にストップが増えているが、やはり出口側の方にひかれる傾向は変わらない。出口に近いからであろう。大型映像前のストップは効果があったようである。中央プラザに関しては、パッシングは減少した。

　第2展示室での実習生のリニューアル前の全体的な観察所見は、次のようなものであった。2013年の動線は上から逆時計まわりは22、他は25である。導入の時点で、ほぼ自由動線になっている。立ち止まらず流し見る人が多く、また、すべての展示に目を通さない利用者も多い。中央にある井戸を階段を昇って上から見る人が少ない。中央右側の2箇所の島ケースに立ち止まる人が少なく、井戸中心である。2014年は壁伝いにもならなく、中央の井戸からの動

線を複雑にしている。家族ずれが多いが、滞在時間は短い。井戸の中が多く、2013年（両方）と動線が異なり、2014年は時計回りである。当初の動線設定は反時計回りであったのだが。

　次に、リニューアル後の第2展示室の2015年実習生の変更部分の所見をあげる。全体にこどもは映像と地図であり、壁伝いではない。地図とは、②の展示室中央の床面「弥生遺跡マップ」が自由に行動でき、床展示に注目するのである。一定の効果をあげている。展示室を斜めに横切り、動線は乱れる。こどもは壁側に移した井戸にさわり、もたれる。

　ゾーンでの動線変化はいかがであろうか。特に、図を参考にすると、入口から奥隅への斜め動線であり、まず床面展示に注目して、壁へばらける傾向がある。リニューアル前の斜めと壁伝いの分離動線とは対照的である。井戸は展示室の奥側の誘導には有効であったようだが、実習生の所見と合わせると触れられているようである。

　6．特別展示室の行動観察　2013年の秋季特別展は、「吉備と邪馬台国－霊威の継承」と題して、10月22日から12月23日まで開催された。「吉備弥生文化の成立と発展」「吉備のマツリと呪的世界」「吉備と邪馬台国」という項目である。特異なかたちをした弧帯石が出迎え、岡山の遺跡から出土する特殊土器類を中心とした展示である。エンディングは奈良の纒向遺跡や箸墓古墳となる。2015年の春季特別展は、3月のリニューアルを記念して、「卑弥呼女王創出の現象学」と題して、5月1日から7月5日まで開催された。プロローグは「二つの顔を持つ女王」、続いて「倭国乱と卑弥呼の共立　畿内弥生社会の実力」「激変のとき　庄内式土器の誕生と巨大遺跡」「卑弥呼の鏡　祭祀と権力のシンボル」「卑弥呼の祭り」、エピローグは「卑弥呼の死と〈定型化〉する社会」である。

　全体としては、先にも述べたように、特別展示室は秋より春に入室者は倍増するが、反比例して、平均ストップ・滞在時間が半減しており、春の方が止まらずスムーズに流れる。この差はマップの動線にも表れる。

　2013年秋の実習生の所見は、動線どおりの上から反時計回りは27、他は11であるが、全体には規則正しい。回った方向のはじめあたりの展示をじっくり見る傾向がある。大きな展示物の注目度が高く、生活用品、装飾品が注目

される。まんべんなく見ている人が多い中、全体を見ないで退出する人も多い。出口付近の展示コーナーに立ち寄るも、立ち止まらず流し見る人、そもそも立ち寄らずに出ていく人が多い。

　2015 年春の実習生の所見は、動線どおりの上から反時計回りは 59、他は 38 であるが、まんべんなく見る、ムラがないというのが特徴である。マップの動線の均等さがよくそれが反映されているが、島展示のみという利用者も 14 である。

　7．ひとまずのまとめ　サンプルの精度にはかなり難しさがあるが、それでも大きくみて、常設展示の利用者の行動は個人利用が強い特別展に多少は誘導されるものの全体的な傾向はあまりかわらない。それはリニューアルを隔てても、大きな変化がなかったようである。これは、常設展示が大枠で骨格は変わらないためであろう。このばあい、展示室全体というよりも細分化したマップでの行動軌跡についてセクター毎での分析が有効であることはわかる。すなわち、展示の課題とリニューアル部分についてパッシングゾーンを細かに把握して、いかにそのゾーンを無くしていくかが目標として設定することが効果的なのであろう。

　一方、特別展示は動線の回り方は制約されるが、島展示や大型展示の設定でかなり変化することがわかる。特に、ストップと滞留という面でも展示に特徴が出る。

　こうした見通しは、サンプル数で展示の確信を確認していくとともに、モックアップなどの設置で、展示の自信を高めていくことができることを予感させる。観察のプロ化というよりも、今後も経年変化傾向などを、実習生とともに変化の有無の不変な確信などをもつようなことができればという目標をもちたい。

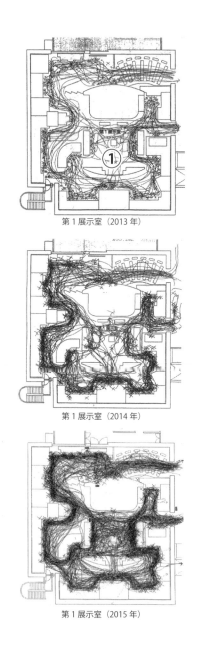

第 1 展示室（2013 年）

第 1 展示室（2014 年）

第 1 展示室（2015 年）

図 15　弥生文化博物館の 2013 ～ 2015 年の行動観察 1

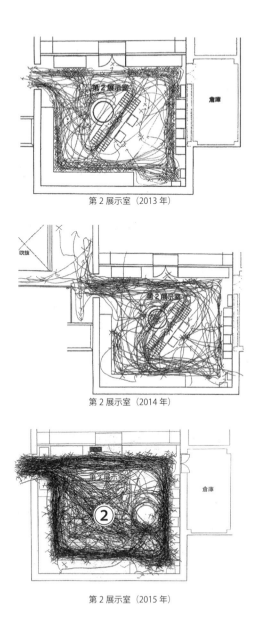

第 2 展示室（2013 年）

第 2 展示室（2014 年）

第 2 展示室（2015 年）

図 16　弥生文化博物館の 2013 ～ 2015 年の行動観察 2

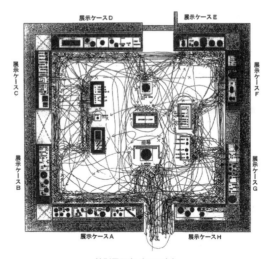

特別展示室（2013 年）

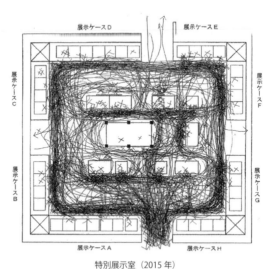

特別展示室（2015 年）

図 17　弥生文化博物館の 2013 ～ 2015 年の行動観察 3

第8章 ┃ 博物館の資料展示とその活用

古墳・遺跡の展示表現の考え方とそれらのイメージ表現法

　考古学の遺跡に対するスケール的な価値観を具現化する展示は、博物館展示以上に現地での遺跡整備が有効である。まさしく原寸大での実物展示が迫力をもつ。

　遺跡・遺構の取り扱いについて史跡整備での重要な中心要素ととらえて、当初の発掘調査段階から保存活用を意識して取り組む。様々な整備展示手法のうち、どれとどれを組み合わせるかは、整備領域と周辺景観を1つの展示空間としてとらえることからはじまる。来訪者の心理推移まで読みながら構成をデザインすることが肝要であると見なされるようになってきた（村井 2006）。

　今や古墳の墳丘の築造当初と現状、その中間形態の墳丘整備をみせ、すぐ横での埴輪づくり体験や古墳解説の博物館という総合的な見せ方をする群馬県保渡田古墳群・かみつけの里博物館がある。一般参加の埴輪づくりなどの体験に伴った墳丘復元などを通して、来訪者の長期滞留もうながす魅力的な場をつくり出している。

　かつての墳丘の整備表現を知る上で、1つの古墳の中でさまざまに試された例がある。古く 1921 年に国史跡に指定された墳丘長 194 m の前方後円墳、兵庫県五色塚古墳である（神戸市 2006）。1968 ～ 1970 年度に墳丘前方部でとられた初期の方法は、ヨーロッパに多い手法であり、発掘で検出された崩れていない葺石をそのままにして露わにし、削れた斜面は盛土した上に転落石を葺きなおすというものであった。このときは、「古墳を築造当初の姿に復元し、整備する」ことが第一義であった。これには盛土の沈下や破壊、葺石の間から草木の繁茂という課題が浮き上がった。1970 年度からは盛土の基盤層を土からセメントモルタルに切り替えて、遺構面の破壊がなくなった。にもかかわらず、葺石は保護されなかった。1971 年ごろ、破壊される古墳ではなく保存される古墳の全面調査は、「一種の破壊行為」という考え方があり、文化庁のた

めらいがあった。後円部は表土層を残したまま、その上に盛土し、さらに上に新しい購入石を葺き上げた。これは「築造当初の姿に復元」へという目標に対しての大きな方向転換であった。そもそも、五色塚古墳整備の意義は古墳の本来の姿を一般に周知することであった。しかし、整備工事を進めるうちに「現実にそれ以上に必要だったのはむき出しになってオリジナルの姿がみえる前方部墳丘に対して手厚い保護管理をする努力におきかわってしまった」と関係者は回想する。明石海峡につき出す復元された雄大な前方後円墳は、築造当初の古墳の姿を一般人だけでなく研究者に対しても大きな影響を与えた。その展示効果は大きい。実際には、墳丘は保護できたかも知れないが、「まやかしの姿」を実物大以上に一回り大きくして見せているだけとなった（図18）。

　現物をそこまで「まやかしの姿」に変えるのであれば、模型などによって総合的に三次元で表現することや現地でのバーチャル映像で再現するという手法もある。前者は、近つ飛鳥博物館での仁徳陵古墳墳丘の周囲や植生や社会環境をも復原しようとする模型、後者は岐阜県昼飯大塚古墳の墳丘に立ち、その現地の風景とタブレット端末画面とで当時の風景や古墳づくり、鳥瞰、地図などとを照らし合わせることができるものがある。墳丘を改変しなくとも、見学者のニーズにあわせて多様に展開させる。それでも実物そのものがもつ多様性でいくらでも複合した表現主張を重ね合わせることができる。

　前者のミニチュア模型では現地にある二次元的な解説板だけではなく、文字・図表が認識しづらい利用者にもビジュアルに説明することができるうえ、身体尺でイメージに触れるスタイルに変更することもできる。それにもまして、ジオラマ的に演出するときには、いろいろな要素を組み合わせて伝達できることである。ただし、その製作には、目的と根拠、表現範囲、仕様、構成をまず検討する必要がある。なかでも仕様は、縮尺や寸法の他、細かな設定条件（たとえば、地形、季節、植生などは必須条件となる）がいる。しかし、学術的なレベルからすれば、残念ながらほとんどが具体的に示せないのが実状である。空白部分を製作者はかなり埋めることになる。それでも製作するのは、極力、製作根拠になる関連した考古データを盛り込み、補うことで、模型を見る利用者に展示意図を伝えて理解してもらえると期待するからだ。つまり、展示背景全体のイメージをもりこんだ総合的な解説物につながることをめざす。後

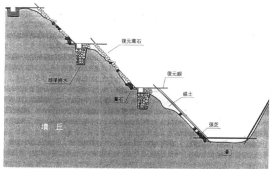

前方部復元計画模式図（1）　盛土：土取場から運ぶ良土。
　　　　　　　　　　　　　葺石：出土した海岸の礫の胴を互いによく密着。
　　　　　　　　　　　　　∴掘形 90×90mのU字溝→埴輪掘形を破壊。
　　　　　　　　　　　　　下段：筋芝。

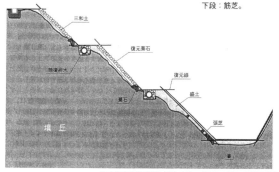

前方部復元計画模式図（2）　葺石：目地・裏込めにセメントモルタルを使用。
　　　　　　　　　　　　　∴埴輪掘形の底にセメントモルタルを敷き、上にポラコン
　　　　　　　　　　　　　管理設。

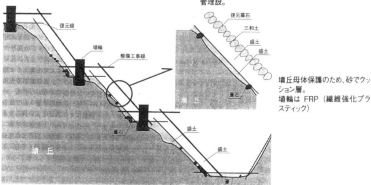

後円部復元計画模式図　　　葺石：膠着材に石灰と真砂土を混和したケミコラム。下
　　　　　　　　　　　　　に厚さ20mの盛土など、復元高計 50m高くなった。
　　　　　　　　　　　　　石材は、1972年度に天竜川と九頭竜川から採取、購入。
　　　　　　　　　　　　　筋芝は、こうらい芝。

図18　五色塚古墳の復元整備の変遷

者のタブレットはこういった表現を現地で示し説明するリアルさがある。

　近つ飛鳥博物館の仁徳陵古墳模型では、470年頃を復原年代とし、季節は秋、仁徳陵古墳はすでに完成された姿になる。周囲にある中小古墳は、測量図や発掘成果をもとに再現するだけでなく、複数ある中から完成順に古墳の築造過程を示すように手を入れる（一瀬1997）。その他に、棺を収めたり古墳築造に伴う情景やそれにまつわる造営キャンプなどの施設、狩り・大王の宴・高麗の使いの場面を模型の各所にちりばめる。周辺地形もボーリングや花粉分析データ、遺跡出土木製品などをあわせて復原される。模型にかかわる解説は本体を損なうことをさけ、模型を構成する要素を外部ライトやレーザーで照射し、同時に復原根拠となる発掘調査例を操作モニターで検索できる。当初は解説の補足装置として、遠方より模型に照準を合わせて古墳築造時の再現映像をみせるタイムスコープと大型ハイビジョンモニター設置があった（図19）。

　やはり、迫力がある展示素材は生々しく残った遺構である。中国の秦始皇帝陵の兵馬俑博物館はまさにそうであろう。こうした展示加工には、いかに覆い被された「まやかしの姿」、中身が取り上げられた「蝉の抜け殻」を回避するかの問題に突き当たる。これに対処するための好例に、大阪府高槻市新池埴輪製作遺跡の展示がある。発掘調査で、埴輪窯3群18基、大形竪穴式建物3棟、竪穴住居14棟などが検出された。史跡今城塚古墳の追加指定をうけて、整備に伴う調査がおこなわれ、窯址群北端にある最大級で良好に残る地下式埴輪窯、18号窯が確認され、さっそく覆屋内での露出展示計画が進められた。外観は窯のイメージに合わせてかまぼこ形にし、建物幅は隣の17号窯に影響をあたえない7m以下で、斜面に位置するものの段切りやアンカー、基礎杭は用いず、軽量・堅牢を建屋自体に求めた。展示室中央にある埴輪窯の遺構を階段開口部から見下ろす。窯内の堆積土層の色調が美しいため、窯を全掘するのでなく、窯の縦断面の堆積状況の展示案が示された。展示の力には遺跡そのものの美しさや魅力、迫力がいる。向かって窯左半分を最終床面、右側を当初床面まで掘り下げて、操業にともなう焼土層と炭層の堆積状況を階段状に観察できるように工夫された。155.6㎡の鉄骨造平屋建ての室内の壁にはパネル展示、映像展示が付設された。苔・カビ対策で自然光を遮断し、機械空調はなしで、外壁の断熱性を高め、遺構内へ外気を直接導入する通気管で換気をよくする遺

構の保存処置がとられる（冨成1995）。

　となりに復原された大形竪穴式建物を利用して、埴輪づくりのワークショップなども行う活動の場となっている。

発掘調査から展示活動までの展示開発と評価のプロセスとスタッフ

　そもそも展示には、引きつける、保持する、手順、コミュニケーション（教育的）、感情的といった5つの力が必要である。素材が魅力的な仁徳陵古墳や新池遺跡であったにせよ、それに手を入れて魅力を保つには、つねに展示利用者を意識して評価し、それを取り込んで改善していかねばならない。展示開発にあたっても、目的や目標とする過程の各場面や諸段階で評価がいる（第7章・図11）。

　展示開発評価というこの所見を考古学現場で見るならば、遺跡発掘調査中の現地説明会などの現場作業において、すでに製作途中評価がはじまっていると言える。将来、博物館において十二分に展示品ともなる出土遺物に対して、説明会時点での見学者を丹念に一定の評価尺度で行動観察することで、その活用・展開の道を大きく切り開く第一歩となる。非常に有効な手段なのだ。そのものがもつ価値を見いだしさらに価値づけていく。その検証法・解決策に力点を置くことをうながす。ただし、その「ゴール」と「目標」が単なるうけねらいだけでは、その検証作業で得た独特で個性ある重要な価値はあまりにも無意味なものになり、見過ごされていく。

　一方、組織的な発掘機関や博物館に対しての行政評価という面では、直接的な現場や周囲の立場、内外から見た評価をミッションにつなげていく努力がいる。すなわち、評価を試みる、評価を受けるという行為で現状に甘んずることなく、一定の役割を果たし、影響を与えることのできる組織づくりの確立と使命を明確化する作業をめざすための検証として推し計るべきである。内外に要求されるミッションとは発掘機関にとって何なのだろうか。機関内部の提案、そして外部の事業主、現地説明会の遺跡発掘の一般公開参加者、報告書に対する研究者、相互にわたってインスパイアーできる。そうした組織たるべき存在を具現化するために、どのような「ゴール」と「目標」を示すことができるのかは遺跡の保護の第一歩であろう。恒久に保護されるものを博物館につなぎ、

人々に伝えていく起点となる。

　その間の評価の諸段階と発掘資料とのかかわりを考えると、まず、発掘計画のなかで展示を意識するのが第1段階（企画）。そして、一般の人との接点として発掘調査中または直後の調査現地をオープンな状態で、調査関係者だけでなく、できるだけ多くの一般の人に公開する現地説明する機会が第2段階（準備）。一般だけでなく、マスコミからの反応も大きい。この時点から現場作業のなかから将来、現地に残して展示するものや博物館での展示資料の必要性のあるものの点検、展示製作途中評価がすでにはじまり、遺構を蝉の脱け殻にせずに展示する意図があるのならば、むしろ、このタイミングは最終段階に近い。また将来、博物館において十二分に展示品候補となる検出遺構と出土遺物がもつポテンシャルをつかむために、現地説明会の見学者は何に興味を見い出し、たんねんに観察し、どんな気づきや疑問をもつかといった基本項目について一定の評価尺度で行動観察する貴重なチャンスとなる。発掘成果の活用・展開の道を大きく切り開くための第一歩である。そして、その成果は世に問う第3段階（設置後）に到達する。

　そうした評価やニーズは古墳時代の場合は、宝物的な古墳埋葬主体部出土品が重宝される。しかし、その素材だけではニーズの幅がきわめて限られているのは言うまでもないだろう。その幅を広げるために古墳時代資料をいかに展示加工して、興味・関心のうすい人々にも問いかけでき得るかのための製作の「目標」設定を試みる。目標は展示を見る人と同じ方向を見ているという意味合いである。世に伝える展示の諸段階のスタート地点には、古墳や集落跡などの列品解説がある。そして、スタッフを設けて、気づきや発見をうながすインタープリティングし、それに伴う行為のなかで展示利用者の遺跡の理解や反応をとらえ、日常的に対応するために手をかけず常設化する展示へ昇華するためのアイデアを得る。例えば、常設展示でハンズ・オン展示が必要なら、ワークショップ現場の人々やフロアー現場にいるインタープリターとともに設計するようになる。

　こうした流れにきちんと沿うものではないが、展示利用者の幅を広げて資料を活用することに向けての手がかりに、先にみた近つ飛鳥博物館の『近つ飛鳥工房』という特別展プログラムなどがある。展示に伴った直接的な観察はふつ

うの陳列展示であるが、材質や使用の理解については、複製品・模造品（鉄製・革製の冑）・模型の製作実演工房の設置でインストラクションした。そして、ハンズ・オン展示操作の設計素案のために必需品である製作途中のモックアップ（試作品）のかわりに、廃材でワークショップ参加者とともに古墳時代の品物をつくる。そのプロセスのなかで「かたち、意味、仕組み、気持ち」を考えるワークショップを展開しながら、常設展示化を進めていく流れが考えられる。

　展示作業のニーズ開発に伴うワークショップのシリーズでは、ファシリテーターと参加者が同じ未知の方向を向いて展開していくのが理想的である。p.12の教育の形の流れである。「近つ飛鳥工房」のシリーズでは、木簡・鉄製刀子の革袋、石製刀子、馬具金具、ガラス玉、ミニチュアの炊飯具、古墳をつくろうという製作プロセスを楽しんだ。ほとんどはインストラクション的なもので終わったが、そのなかでファシリテーションできたのは、「古墳をつくろう」であった（第 6 章）。そして、この流れがさらに発展していく。このような一定のテーマに合わせたシリーズものは、通常の施設の方よりも用意される場が安定したサイト・ミュージアム的な施設が似合う。双方向の活動体験のやり取りが常設的なハンズ・オン展示へつながる。

　つまり、このシリーズを進行することで、内容が多様に展開、発展したものとして、文部科学省の博物館に親しむ事業の一環として行ったカルチャー ofアスカディア「古墳・飛鳥人になりきってみよう」がある。古墳・飛鳥時代の衣食住のうちの第 1 段階として衣にかかわるものをあつかった。衣装や冠などをつくり、触れ、着て、感じ、考え、想像して、その時代の性別、役割、階層、時代背景などをイメージし、語り合うものである。「アクセサリーをつくってみよう」「帽子・冠をつくってみよう」など、ステージ 1．つくって、着てみる。博物館など、ステージ 2．見てみる。最期に本格的な写真撮影や芝居するまでに至った。ベルニー・ズボルフスキーさんに少しは近づいたであろうか？

　参加者とともに育つハンズ・オンの活動や展示は、その後の古墳時代資料の気づきと発見、理解をインタープリティングできると期待できる。同一資料の理解をうながす展示であったとしても、ものを観察する、解説パネルをみる、音声をきく、動画をみる、ハンズ・オン展示を操作する、工房でにおいや音を感じる、ワークショップで実践的に自分のアイデアをファシリテーターととも

にお互いに興味を発展させていくといった、多様な方向を向いた利用者のいずれかに見合っていた展開をもたらすものなのであろう。豊かな対応力をかもしだす展示表現を提供するこれらの活動は博物館で古墳から出土した珍品・奇品を単に鑑賞するだけでなく、多面的な方向性をもつ利用者とともに、古墳時代そのものの理解につながる次なる新たなステージをつくりあげていくことができる。その時、博物館はふさわしい教育現場に生まれ変わり、それはなくてならないツールとなるだろう。

　関わった人たちの記憶遺産として積み上げられ、伝えられていく方向軸へとつなげたいものである。

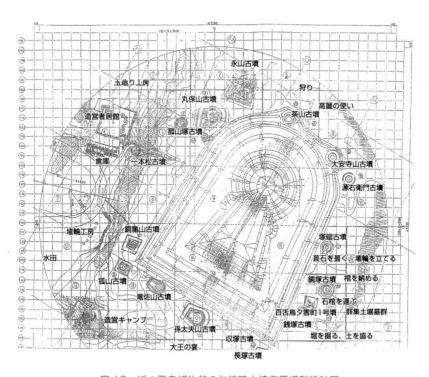

図 19　近つ飛鳥博物館の仁徳陵古墳復原模型設計図

エピローグ｜吹田市立博物館『博物館だより』から

　吹田市立博物館『博物館だより』に中牧弘允館長から、私へのインタビュー
をいただいた。藤井弘之副館長が書き起こしたものを最後に掲げたい。

**　まず、最初に博物館との関わりについておうががいします。**

　──小・中学生の頃、描いた絵が入選して、大阪市立美術館に展示してもらっ
たのを毎年見に行っていました。これが博物館との最初の出会いです。高校生
の頃、高松塚古墳の発掘報道がきっかけで考古学に関心を持ちはじめ、大学に
入学後、考古学を勉強しはじめましたが、そのころは学芸員は部屋にこもって
いるイメージがあり、私には向かないと思っていました。卒業後は大阪府教育
委員会に就職し、200か所以上の現場をこなしました。しかし、博物館建設
準備室へ異動になり、発掘から離れて暗い博物館へ行くのはショックでした。
しかし、実際、博物館に行ってみると、博物館を設計するのは楽しかったし、
貴重な資料の取り扱いをはじめ、人まかせにできない力仕事が多く、24時間
仕事がある結構過酷なものでした。

**　近つ飛鳥博物館ではいろいろなワークショップを積極的に手がけられたよう
ですが。**

　──オープン直後の入館者ラッシュが落ち着き、歴史セミナーの参加者も
減ってきたので、ワークショップをはじめました。講演会とワークショップで
は参加者の関心が全く違いました。例えばワークショップではカブトを作りた
い人だけが集まり、講演会ではカブトの歴史的展開を知りたい人だけがきまし
た。また、阪神淡路大震災でボランティア意識のあり方が変わってきて、ワー
クショップの実施など多様なニーズの受け皿としてボランティアにお願いする
機会が増えました。博物館活動のバリエーションを増やすには追い風になりま
した。体験型の博物館が社会的に要求されるようになってきていたのだと思い
ます。

**　ワークショップでは学校へも出かけたのでしょうか。**

——学校へは小学生でも熱心に耳を傾けてくれるワークショップをまずやってから、近つ飛鳥博物館のテーマである古墳や飛鳥時代に関連するプログラムに近づけていこうと考えました。ブルックリンこどもの博物館の全米、カナダを巡回する「グローバルシューズ展」の企画展に近つ飛鳥博物館が参加した時、このプログラムの中にこどもたちに絵や詩をつくってもらうワークショップがありました。その進行と道具などは詳細な指示があり、その指示書はたいへん優れたもので、100％の小学生が食いついてきました。その後、館独自のオリジナルワークショップの立ち上げには苦労しましたが、「古墳人になりきってみよう」と称するものは納得できたものでした。1年かけてのプログラムでしたが、その一部で本格的に長さ25ｍの前方後円墳を学校の校庭につくり上げました。その他に、古墳時代の首飾り、かんむり、冑、甲、着衣、クツをつくり、最後は衣装を身につける。さらに古墳時代人のストーリーを組み立てて、大道具、小道具もつくって芝居を完成させました。全体に古墳人になりきるというのはアウトリーチでの出前先の学校の先生に好評でした。こうしたワークショップの実践は私のなかの博物館に対する考え方を変えていきました。

　応神陵古墳の発掘をだいぶされてますね。展示にはどう反映されましたか。

　——博物館で日本一の大きさがあるインパクトをもつ仁徳陵古墳の模型を作ることになりました。仁徳陵古墳は周囲を溝で囲われ、そこも宮内庁の管理地となっていて、関連資料は発掘できませんが、応神陵古墳の周囲は民有地でその部分をかなり発掘できました。実際にはその成果がそのまま仁徳陵古墳の模型に反映されています。ただ、あの模型は仁徳や応神陵古墳に限った問題ではなく、日本の大きな古墳のあり方全般を例示し、周囲の展示資料と関連させる展示となっています。展示はお客さんにここを見てほしいという博物館のミッションとしっかりした関係性を保つことが大切であり、ミッションを来館者に提示する装置が常設展示だと思います。この場合、仁徳陵古墳だけではテーマとする古墳時代を示すことができないので、古墳時代の社会をふんだんに盛り込んでいます。テーマからくる展示ストーリーがしっかりしていると、利用者にも博物館のミッションが伝わりやすいと思います。

　吹田市立博物館の考古学の展示には瓦や須恵器、新芦屋古墳がありますが、何かいい展示方法はありますでしょうか。

　　——核は残して枝葉をつけていく。展示品を理解していただくためのシミュレーションを手を変え、品を変え、どんどんやってみる。展示品とリンクしたハンズ・オンもできるといいですね。瓦作り体験、桶巻きやミニチュア作りもおもしろいかもしれません。さわるだけでなく五感にうったえることが大切です。博物館のアンケートでは瓦は好評とはいえないようですが、ここの館の立地の原点は建設地のそばにある吉志部瓦窯跡で、博物館の立地の意味は館の使命として重要です。ですから吉志部瓦窯跡とリンクさせ、吉志部瓦窯跡があり、その横にその謎を解く博物館が立地しているんだと説明していくことがまず大切ではないでしょうか。吉志部瓦窯跡は公園としてすでに整備されていて、博物館からすぐに見に行けるわけです。両者を有機的につなぐことを考えてみるといいかもしれません。ただ、瓦ばっかりでは地味なので瓦の前後の吹田の歴史を学ぼうとした時、吹田にも古墳があったという古い歴史が知りたい人には新芦屋古墳はインパクトがあるかもしれませんし、吹田は開発が進んでいるので、かつての千里丘陵の山だった頃を思いだすのに、いいツールになるかもしれません。

**　遺跡に建設された博物館施設で何か参考になるものはありますか。**

　　——考古学ではイギリスのヨークにあるヨービック・バイキングセンターが一番高い評価を得ています。バイキング時代の遺跡の復元をしていて、見学者は乗り物で再現されたバイキングの村を順次まわっていくと、魚屋の前では魚の匂いがし、トイレの前ではトイレの匂いがする。店先からは人々の声が聞こえ、ひとまわりして出ると、バイキングの衣装を着れるコーナーがある。そして、村の復元根拠となった骨だとか、職人の道具など出土品の説明があります。近所にある教会では子ども向けの発掘シミュレーションをして、そのプロセスを学習する施設もあります。もっと本格的な体験をしたい子は１週間単位などで実際の現場体験もでき、利用の広がりをもたせるために役割の違う施設があります。この一連の施設は核になる展示があり、必要に応じてさまざまな広がりをもたせて理解しやすく、工夫をこらしていく見本だと思います。先に言った相容れない知識優先派でも体験派でも理屈抜きで楽しめる施設です。

**　日本での成功例はありますか。**

　　——日本ではなかなかうまくいきませんが、これは日常の博物館フロアーで

待ちかまえるインタープリターの教育訓練の違いがあるんじゃないかと思います。また、日本のワークショップではその開発者の意図を受け継ぐ努力をせずに、日が経つにしたがって、その場の利用者にうけることしかやらなくなるので、内容の軽いものになっていき、本来いいプログラムであったものが、最後はあきられて終わることが多いように思います。つまり、日本の場合、質が保てません。ボランティアが育って行けばいいですが、こちらの博物館でもその好例としては『ニュータウン半世紀展』のアンケートにある解説の女性が展示に詳しく親切だったと、好評だったようですから、そういった利用者とのインタラクティブな解説ができればいいですね。

この博物館と大学で共同して何かやれたらいいことはありますでしょうか。

──やっぱり吉志部瓦窯跡と博物館の関係性の問題ですね。ヨークのようなリンク性の開発。公園を散歩している人に博物館に来てもらうにはどうすればいいのか。一度学生に考えさせてみましょうか。学生は利用者でもあるので、その感想は参考になります。あと、モックアップとか試作品を展示させてもらって、展示提案できるようなワークショップができたらと思います。関心が向いていない展示コーナーに人を誘導するにはどういう仕掛けをすればいいか。そもそも展示を作りっぱなしで、見ていただく努力をしていないかもしれません。アイキャッチになる展示の並び替えをしてみるとどうなるか。新たな展示を加えたらどうなるかなど、客の流れが変わるかどうか。結果、立ち止まってどういう会話をするかなど、行動観察を含めて問題解決につながることになればいいなと思います。いろいろやってみることがいっぱいありそうで、楽しみですね。

＊

本書を上梓するにあたっては、アム・プロモーションの山下治子をはじめ、染川香澄、青木野枝、奥村弥恵、鈴木知怜、畝麻由美、内橋沙耶、永福采音、村井良子、佐々木秀彦の諸氏諸嬢他、多くの方々の助力をいただきました。記して感謝する次第です。

初出文献

(下記の出典にかなり修正している。表示なきものは本書書き下ろしである。)

第 1 章 博物館建設の事例―2010 年日本博物館事情

2012「2010 年に起こった日本博物館事情－大阪府立博物館群の存続をめぐって－」『博物館危機の時代』雄山閣

第 2 章 近つ飛鳥博物館建設

建設基本構想・設計概要・建築工事

大阪府立近つ飛鳥博物館 1999『Chikatsu Asuka Museum　近つ飛鳥博物館』大阪府立近つ飛鳥博物館図録 20（図 2・3）

環境博物館として・建築空間の構成として・ものを設置する空間として・設計変更について

1998「建築工事と博物館　大阪府近つ飛鳥博物館の建設」『Musée』1998.12　アム・プロモーション

第 3 章　資料製作

資料の諸製作

2005「博物館資料の製作」『博物館学ハンドブック』関西大学出版部

複製（レプリカ）技術を用いた修復と建築模型

2015「資料の修復と複製、模型『博物館資料論』」『新課程　博物館学ハンドブック』1　関西大学出版部

資料の価値とは、考古資料「修羅」の認知継続性について

2007「考古資料「修羅」の認知継続性について」『橘史学』第 22 号　京都橘大学歴史文化学会

中央集中する古墳関係資料の展示と現地主体のサイトミュージアムの展開・古墳集中する古墳関係資料の展示と現地主体のサイトミュージアムの展開

2014「古墳時代資料の展示とその活用」『古墳時代の考古学』第 10 巻　同成社

第 4 章 自然災害に向かう資料保存

北米西岸沿い博物館の地震対策・ロサンゼルス・カウンティー博物館の地震対策の基本姿勢・博物館の建物と展示品、そして環境・北米西海岸沿い博物館の教育に関する動向

1996「北米西海岸沿い博物館の地震対策」『大阪府立近つ飛鳥博物館　館報 1』（図 6）

第 5 章 展示開発にあたって

展示評価からの展示開発・展示開発の分担者とチームワーク

2015「展示開発の基本要素と評価の関係」『新課程　博物館学ハンドブック』2　関西大学出版部（図 8）

展示方法の分類とその構成要素

2015「展示の諸形態①」『新課程　博物館学ハンドブック』2　関西大学出版部（図 10）

展示技術の実際

2017「展示技術の実際」『新課程　博物館学ハンドブック』3　関西大学出版部

近つ飛鳥博物館展示工事の実際

2015「近つ飛鳥博物館展示工事の実際」『新課程　博物館学ハンドブック』2　関西大学出版部
特別展の資料借用、展示工事や運送
2015「展示計画から工事、設置評価の諸段階」「特別展における立案・資料借用、展示工事請負や運送業務委託」『新課程　博物館学ハンドブック』2　関西大学出版部（図12）

第6章　近つ飛鳥工房－特別展の開催と博物館活動

　共通言語という発端・展示へ・ベルニー・ズボルフスキーさんのワークショップ・校外学習（遠足）ワークショップと「夏休み博物館こども工作室」・体験版カルチャー of アスカディアへ・未完成の品々・1998―春を終えて
1999「近つ飛鳥工房―展示とハンズ・オン、アウトリーチを結びつけるための実験工房―」『展示学』第27号日本展示学会誌

第7章　展示と行政評価

琵琶湖博物館のエバリエーションから・博物館に対する行政評価・江戸東京博物館でのワークショップ―展示開発に伴う検証法（図13）
2001「博物館における展示と行政評価―江戸東京博物館のワークショップとエバリエーション―」『大阪文化財研究』第20号　財団法人　大阪府文化財調査研究センター
弥生文化博物館展示の利用者行動観察
2016「博物館展示の利用者行動観察―大阪府立弥生文化博物館のリニューアル前後の事例―」『関西大学博物館紀要』第22号（図15～17）

第8章　博物館の資料展示とその活用

古墳・遺跡の展示表現の考え方とそれらのイメージ表現法・発掘調査から展示活動までの展示開発と評価のプロセスとスタッフ
2014「古墳時代資料の展示とその活用」『古墳時代の考古学』第10巻　同成社

エピローグ

吹田市立博物館『博物館だより』から
吹田市立博物館2013『博物館だより』№55
＊図に出典のある場合、（図○）と示した。

参考文献

青木野枝・板倉容子・野口みどり 2013『青森県立むつ養護学校 鉄のワークショップ』青森県立美術館

石井進監修 1997『立体復原 日本の歴史』上巻（原始・古代編）別冊歴史読本 94 新人物往来社

一瀬和夫 1992「弥生船の復原」『弥生文化博物館研究報告』第 1 集 大阪府立弥生文化博物館（図 4）

一瀬和夫 1996「仁徳陵古墳模型をつくる」『仁徳陵古墳 築造の時代』大阪府立近つ飛鳥博物館（図 18）

一瀬和夫 1997「復原模型ができるまで」『立体復原 日本の歴史』下巻（中世・近世・明治編）別冊歴史読本 95 新人物往来社

一瀬和夫 1998「近つ飛鳥博物館－展示からハンズ・オンに向けての覚書き」『大阪府立近つ飛鳥博物館 館報 3』

一瀬和夫監修 2000『古墳の研究』調べ学習日本の歴史 2 ポプラ社

一瀬和夫 2005「資料・展示開発とハンズ・オン」『博物館学ハンドブック』関西大学出版部

一瀬和夫 2008「大阪府の博物館群の建設推移 - 遺跡分類から見る -」『ヒストリア』211 号大阪歴史学会（図 1）

一瀬和夫 2015「展示計画から工事、設置評価の諸段階」『新課程 博物館学ハンドブック』2 関西大学出版部 （図 11）

伊藤誠三編 1990『別冊チャネラー ディスプレイ・マガジン'91』チャネラー

インテリアデザイン教科書研究会 1993『インテリアデザイン教科書』彰国社

上山信一・玉村雅俊・伊関友伸編 2000『実践・行政評価』東京法令出版

大阪府教育委員会 1990『(仮称)大阪府立近つ飛鳥博物館基本構想』(仮称)近つ飛鳥博物館基本構想策定委員会

京都大学文学部・京都大学総合博物館・京都大学研究資源アーカイブ 2009「石舞台古墳の発掘調査の記録映像」26 分 デジタル化

黒板勝美 1912「史蹟遺物保存に関する意見書」『史学雑誌』第 23 編第 5 号

神戸市教育委員会 2006『史跡五色塚古墳 小壷古墳 発掘調査・復元整備報告書』（図 17）

小林行雄 2010『小林行雄考古学選集』第 2 巻 古墳文化の研究 付録 CD-ROM 真陽社

齋正弘 2011「ファシリテーションの実際」『造形ワークショップの広がり』武蔵野美術大学出版局

ジョージ・E・ハイン 2010『博物館で学ぶ』Leaning in the Museum 監訳・鷹野光行 同成社

ジョン・H・フォーク、リン・D・リアーキング 1996『博物館体験―学芸員のための視点』訳・高橋順一 雄山閣出版

末永雅雄 1934『日本上代の甲冑』岡書院（写真 6）

末永雅雄 1975『古墳の航空大観』学生社

染川香澄 1994『こどものための博物館 世界の実例を見る』岩波ブックレット No.362

染川香澄・吹田恭子 1996『ハンズ・オンは楽しい』工作舎

東京文化財研究所編 2011『文化財の保存環境』中央公論美術出版（図7）

大阪府立近つ飛鳥博物館 1998a『こふんなぜなにブック』こども展示図録　大阪府立近つ飛鳥博物館図録 14

大阪府立近つ飛鳥博物館 1998b『近つ飛鳥工房－人とかたち　過去・未来』

大阪府立近つ飛鳥博物館 1999『修羅－その大いなる遺産　古墳・飛鳥を運ぶ』（図5）

園田直子他 2004『民博通信』特集　ひとにものに自然にやさしい虫害管理－ポスト 2004 年の博物館 No.107

園田直子・日高真吾他 2016「博物館における LED 照明の現状－2015 年夏」国立民族学博物館

徳田誠志 2009「考古資料の複製」『考古資料の修復・複製・保存処理』宮内庁書陵部

冨成哲也・森田克行・鐘ヶ江一朗 1995『ハニワ工場公園』史跡今城塚古墳附新池埴輪製作遺跡整備事業報告書　高槻市文化財調査報告書第 19 冊

財団法人　日本博物館協会編 2012『博物館資料取扱いガイドブック－文化財、美術品等梱包輸送の手引き』ぎょうせい（図9〈写真より作図〉）

琵琶湖博物館・滋賀県博物館ネットワーク協議会編 2000『ワークショップ＆シンポジウム博物館を評価する視点』琵琶湖博物館研究調査報告　17 号

浜田耕作他 1937『大和島庄石舞台の巨石古墳』京都帝国大学文学部考古学研究報告第 14 冊

日高真吾 2015『災害と文化財－ある文化財科学者の視点から』千里文化財団

広瀬繁明 2010「植民統治期の朝鮮古蹟保護関連政策」『坪井清足先生卒寿記念論文集―埋文行政と研究のはざまで―』

プランニング・ラボ編 2001『東京都江戸東京博物館「博物館における評価と改善スキルアップ講座」資料集』実行委員会（図14）

降旗千賀子 2011「ワークショップで育まれた"人の関係"－目黒区美術館の蓄積」『造形ワークショップの広がり』武蔵野美術大学出版局

ベルニー・ズボルフスキー 1985『ストローで調べる強いかたち』やさしい科学（18）、さ・え・ら書房

ベルニー・ズボルフスキー 1987『しゃぼん玉の実験』さ・え・ら書房

三木文夫他 1973『東京国立博物館百年史』東京国立博物館編

目黒区美術館 1995『画材と素材の引き出し博物館』

村井　実 2006「遺跡・遺構の保存と展示法」『史跡整備と博物館』雄山閣

村井良子・東京都江戸東京博物館編 2002『入門　ミュージアムの評価と改善』アム・プロモーション

本村豪章 1991「古墳時代の基礎研究稿―資料編（Ⅱ）―」『東京国立博物館紀要』第 26 号

山中一郎他 1997『王者の武装－5 世紀の金工技術－』京都大学総合博物館春季企画展展示図録

吉村和昭 2012『末永雅雄－末永考古学の軌跡－』特別陳列図録第 17 冊　奈良県立橿原考古学研究所附属博物館

＊図に出典がある場合、（図○）と示した。

■ 著者紹介

一瀬和夫（いちのせ・かずお）

京都橘大学文学部名誉教授。1957 年大阪市生まれ。1979 年、関西大学文学部史学科卒業、博士（文学）。大阪府教育委員会事務局文化財保護課技師、大阪府立近つ飛鳥博物館学芸員、京都橘大学教授を経る。

著書に、『巨大古墳の出現・仁徳朝の全盛』文英堂　2011 年。『日本～巨大古墳の謎　NHK スペシャル知られざる大英博物館』NHK 出版　2012 年。『考古学の研究法』学生社　2013 年。『百舌鳥・古市古墳群　東アジアのなかの巨大古墳群』同成社　2016 年がある。

博物館での展示と学び

2020 年 3 月 20 日　初版発行
2023 年 5 月　5 日　改訂版発行

著　者　　一瀬和夫

発行所　　**株式会社アム・プロモーション**
　　　　　東京都港区芝 4-3-2-110　〒 108-0014
　　　　　〈連絡先〉東京都港区高輪 1 -16-25-902
　　　　　〒 108-0074
　　　　　https://www.musee-umpromotion.com
　　　　　e-mail　um@cia.co.jp

印刷・製本　**株式会社 CIA**

乱丁本、落丁本はお取り替え致します。
ISBN978-4-944163-48-9

こどものためのワークショップ
~その知財はだれのもの？
ワークショップ知財研究会　編

日本が知財立国をめざしている現在、ワークショップを
とりまく知的財産に関する啓発も不可欠である。本書で
は、ソフトの権利保護だけでなく、品質保持のためのノ
ウハウを提供し、さらに自由な活用を保障する「ワーク
ショップコミュニティー」の創出を考える。〈UM Books〉

本体価格 1,810 円　巻頭カラー 5p・本文 191p　A5 判
ISBN978-4-944163-36-6

歴史展示のメッセージ
歴博国際シンポジウム「歴史展示を考える—民族・戦争・教育」
国立歴史民俗博物館　編

歴史展示が避けては通れない民族、戦争の問題、そして歴史展示の可能性の鍵を
握る教育の問題について深く考察し提言する。歴史展示を考えるうえでかかせな
い一冊。

本体価格　3,000 円　354p　A5 判　ISBN4-944163-31-2

歴史展示とは何か　歴博フォーラム　歴史系博物館の現在・未来
国立歴史民俗博物館　編

2002 年 11 月に国立歴史民俗博物館で行われた「歴博フォーラム　歴史系博物館
の現在・未来」は、元来、正面から語られることが少なかった歴史系の展示につ
いて広く議論がされ、注目のシンポジウムとなった。その各報告では歴史系博物
館の展示について幅広い視点から深く考察し、提言した。歴史系はもちろん博物
館の展示の今後のあり方を探る一冊である。

本体価格　2,800 円　247p　A5 判　ISBN4-944163-27-4

改訂増補ミュージアムスタディガイド
学習目標と学芸員試験問題
大堀哲　監修　水嶋英治　編著

学芸員が何をどのように学べばいいのか。端的にしかも参考書ふうにマネジメン
トから職業倫理観まで言及する。第5章〜第7章が新たに加わり、前版にはなかっ
たミュージアムの展示や活動風景などの写真が随所に入りよりわかりやすくなっ
た。〈UM Books〉

本体価格　1,800 円　193p　A5 判　ISBN4-944163-30-4

アム・プロモーション
https://www.musee-umpromotion.com/